# JEAN DUJARDIN

## Du café-théâtre aux oscars, l'itinéraire d'un « gars normal »

Samuel Mayrargues

# JEAN DUJARDIN

## Du café-théâtre aux oscars, l'itinéraire d'un « gars normal »

*Biographie*

Balland

130, rue de Rivoli
75001 Paris
ISBN : 978-2-35013-350-8

# Introduction

## La semaine des cinq oscars

Jadis préposé aux portraits ampoulés des grandes vedettes de Hollywood, le ministre français de la Culture Frédéric Mitterrand a admis s'être endormi devant son poste de télévision aux premières heures du 27 février 2012. Il a de la sorte raté l'annonce à 5 h 08 (heure française) par Natalie Portman, égérie de Dior, depuis le Kodak Theater de Los Angeles, de l'attribution de l'oscar du meilleur acteur à son compatriote Jean Dujardin. Il ne l'a donc pas vu grimper sur scène, recevoir sa statuette des mains de Robert De Niro [1] et remercier les membres de la cérémonie d'un très sonore et

1. Lequel avait présidé le festival de Cannes 2011 durant lequel Dujardin reçut le prix d'interprétation masculine pour son rôle dans *The Artist*.

très rabelaisien : « Ouah, putain, génial, formidable, merci beaucoup, *I love you*[1] ! »

On peut comprendre l'assoupissement de l'occupant de la rue de Valois. La grand-messe annuelle du cinéma mondial se déroule selon un rituel immuable. Elle fait la part belle aux récompenses mineures ou considérées comme telles avant que ne soient couronnés les véritables héros de la soirée, les gagnant(e)s des oscars du meilleur réalisateur, du meilleur acteur, de la meilleure actrice et du meilleur film, les seuls dont on se souvient des années après. Le ministre en était donc resté à l'oscar de la meilleure musique, attribué à Ludovic Bource pour la bande originale de *The Artist*, mélodie que son caractère apparemment soporifique déconseille d'installer comme sonnerie sur les téléphones portables. Il n'a pu être le témoin direct de la « semaine des cinq oscars » du cinéma français[2] même s'il s'est par la suite rattrapé en multipliant les déclarations et communiqués, allant même jusqu'à affirmer

1. À l'exception des trois derniers mots, tout était dit en français, ce qui évita au lauréat de voir le « putain » être couvert par un bip sonore.

2. Le film a obtenu l'oscar du meilleur réalisateur (Michel Hazanavicius), du meilleur film (Thomas Langmann), du meilleur acteur (Jean Dujardin), de la meilleure musique (Ludovic Bource) et des meilleurs costumes (Mark Bridges).

que c'était à la très contestée loi Hadopi que le film devait son triomphe [1].

À l'instant où Natalie Portman déchirait la traditionnelle enveloppe cachetée, Jean Dujardin ne songeait sans doute pas à ce texte. L'estomac noué, le cœur battant, il se trouvait dans la situation de l'accusé d'antan attendant que le juge prononce la sentence l'expédiant aux galères ou à l'échafaud. Il n'était point le seul en lice et avait affaire à des concurrents redoutables, notamment George Clooney et Brad Pitt, que leur talent tout autant que leur nationalité plaçaient parmi les possibles récipiendaires de la statuette.

Il n'a eu de cesse de le répéter, en forme d'exorcisme *a posteriori*, dans les multiples déclarations faites à la presse – en entendant son nom, il a eu comme le sentiment d'une délivrance : « J'avais la sensation très physique de peser 350 kg, vraiment ! Je suis sorti de mon corps. Cela a duré trois secondes. Puis on se lève, le corps très engourdi réagit enfin. J'avais

1. Ce ne fut pas la seule intrusion de la politique dans cette affaire. Un député UMP suggéra ainsi que la proposition du candidat socialiste François Hollande de taxer à 75 % les revenus supérieurs à 1 million d'euros par mois pénaliserait en premier lieu Jean Dujardin…

très envie de rester sur scène très longtemps. Cela doit être de vieux réflexes de théâtre[1]. »

Sans doute a-t-il éprouvé un formidable soulagement, l'impression d'avoir triomphé de l'adversité mais, aussi et surtout, d'avoir su déjouer les problèmes de dernière heure qui auraient pu contrarier son couronnement. Ainsi, cette campagne contre les affiches de son prochain film, *Infidèles*, jugées dégradantes pour les femmes par l'Autorité de régulation professionnelle de la publicité, organisme français faisant désormais siennes, avec quelques décennies de retard, les recommandations du défunt Hays Office, le bureau de censure de Hollywood, pour lequel, dans toute scène filmée où un couple dialogue, assis sur un canapé ou sur un lit, les pieds de la comédienne doivent rester forcément en contact avec le sol[2]. Or, sur l'une des affiches concernées, les pieds de la comédienne ne touchaient pas précisément le sol... De quoi provoquer un beau scandale si les médias américains avaient eu connaissance de ce fait. En matière d'infidélité, les *Frenchies* avaient suffisamment fait parler d'eux outre-Atlantique en 2011 avec les rocambolesques aventures de DSK au

1. Cité par Olivier Delcroix, « Une folle nuit à Hollywood », *Le Figaro*, 28 février 2012.

2. Cf. Edward Behr, *Une Amérique qui fait peur*, Plon, 1995, p. 38.

Sofitel de la Grande Pomme qui lui avaient coûté son poste de Directeur général du Fonds monétaire international et sa désignation comme candidat socialiste à l'Élysée. La production préféra retirer l'objet du délit, laissant à Jean Dujardin le soin de s'en tirer par une pirouette lors d'une conférence de presse à Rennes : « On "peopolise" les choses, on se dit : "Est-ce que ça pourrait lui coûter son oscar ?" Les Américains sont plus ouverts que ça. » Ouverts, certes, mais deux précautions valant mieux qu'une, l'autocensure fit son office sans que nul n'y trouvât à redire.

Rétrospectivement, le lauréat de l'oscar ne pouvait que se féliciter de cette sage prudence et, de surcroît, se réjouir aussi de ce que les *Yankees* n'aient pas eu vent d'une scène d'*Infidèles* retirée au montage. On le voyait jouer un bellâtre en goguette en compagnie de sa maîtresse à New York qui mentait placidement au téléphone à sa femme en lui assurant « Oui, oui, ma chérie, tout va bien », cependant qu'en arrière-plan, en ce matin supposé du 11 septembre 2011, un avion s'encastrait dans l'une des tours jumelles du World Trade Center. Révélée dans *Le Point* par Emmanuel Berretta [1],

1. Cf. Emmanuel Berretta, « *Les Infidèles* : ce que Jean Dujardin a planqué aux Américains », *Lepoint.fr*, 29 février 2012.

cette coupe était loin d'être anodine : « Jean Dujardin et ses amis coproducteurs n'ont pas voulu prendre le risque de choquer outre-Atlantique. On peut penser que leur prudence n'était pas inutile tant le match pour l'oscar avec George Clooney était serré [1]. » Là encore, prudence était mère de sûreté. Aux « States », le « 11 septembre » est un sujet aussi tabou que la Shoah en Europe et il ne fait pas bon plaisanter avec.

L'oscar consolait en tous les cas Jean Dujardin de la déception qu'il avait éprouvée, quarante-huit heures plus tôt, lors d'une autre grand-messe du cinéma, la cérémonie des césars au théâtre du Châtelet à Paris, dont lui, à défaut de son film, était reparti bredouille. Le césar du meilleur acteur avait été en effet attribué à Omar Sy pour son interprétation dans *Intouchables*, l'autre grand succès du cinéma français en 2011, qui rafla, ce soir-là, la plus grande partie des récompenses. Contrairement à *The Artist*, le film n'était pas, encore, en lice pour les oscars [2]. Une campagne de presse avait d'ailleurs été déclenchée contre lui aux

1. Cf. « *Les Infidèles* : une scène sur le 11 septembre coupée pour ne pas nuire à Jean Dujardin », *Express.fr*, 1er mars 2012.

2. La rumeur veut que Harvey Weinstein, dont nous reparlerons et qui fut le principal artisan du triomphe de *The Artist* à Hollywood, envisage de récidiver avec *Intouchables*.

États-Unis, notamment par le magazine *Vanity Fair*, pour dénoncer en lui un remake, à la mode française, de *La Case de l'Oncle Tom*, best-seller de la littérature abolitionniste américaine du XIXe siècle. C'était là une accusation sans fondement dont les 3 900 jurés des césars entendaient faire justice en récompensant les indéniables qualités de comédien d'Omar Sy et le message du film, l'éloge de l'amitié entre un riche paralytique blanc et un jeune issu d'une banlieue défavorisée. Les 3 900 jurés des césars se donnaient-ils de la sorte préventivement bonne conscience en une année marquée par la progression dans les sondages de Marine Le Pen plutôt que de réagir en professionnels du septième art ? Car *Intouchables*, qu'on le veuille ou non, n'a pas la qualité de *The Artist*. Mais c'est ainsi : la France, patrie des droits de l'homme et du citoyen, aime la diversité dans les arts.

Bien entendu, les intéressés ont une autre explication, complaisamment relayée par certains journaux. Ils auraient voulu signifier de la sorte à leurs homologues d'outre-Atlantique : « Messieurs les Américains, tirez les premiers ! » Il aurait été donné pour acquis et surtout su que l'oscar reviendrait à Jean Dujardin, ce qui dispensait ses compatriotes de l'honorer… Et de menacer ses chances de remporter la fameuse statuette.

L'argument est séduisant, d'autant que le dépouillement manuel des votes à l'AMPAS [1] fait que le résultat est obtenu bien avant que les césars n'aient été attribués. On peut supposer qu'il y avait dans ce vote comme une manifestation de mauvaise humeur ou d'agacement contre les éloges dont la critique, rompant avec ses habitudes, avait accablé Jean Dujardin, au détriment d'autres participants au film, en particulier Bérénice Béjo. Ce n'est nullement un hasard si le césar de la meilleure actrice, largement mérité, lui fut attribué, ceux du meilleur réalisateur et du meilleur film allant à Michel Hazanavicius et Thomas Langmann. Dans *Le Point*, François-Guillaume Lorrain, l'un des premiers à avoir repéré Jean Dujardin dès ses débuts à l'écran, n'a pas tort d'évoquer une « atavique méfiance franco-française du trop connu [2] ». Jean Dujardin fait partie de ces artistes maudits auxquels on a du mal à pardonner leur popularité et leur talent multiforme, quitte à leur tresser ensuite d'innombrables couronnes lorsqu'ils ne sont plus de ce

1. Academy of Motion Picture Arts and Sciences, qui organise et gère les oscars.

2. Cf. François-Guillaume Lorrain, « Dujardin et les jaloux », *Le Point*, 1er mars 2012.

monde. Ce fut le cas par exemple d'un Bourvil ou des joyeux compères des *Tontons flingueurs*, désormais devenu un film culte, encensé par toute l'intelligentsia germanopratine, mais dont on oublie trop souvent qu'il fut, à sa sortie, descendu en flammes par les critiques, du moins par ceux qui ne jugèrent pas indignes de leur rang de lui consacrer une notice vengeresse. Le phénomène a perduré jusqu'à nos jours. Dans certains journaux, on ne tient en très haute estime que les films ayant moins de cent spectateurs en salle. Tout le reste est considéré comme une vaine concession à l'esprit mercantile.

Peu importe que les faits viennent donner tort à ces savantes analyses et que les téléspectateurs aient l'impudence de préférer à ces chefs-d'œuvre des productions comme *L'extraordinaire destin d'Amélie Poulain* ou *Le Père Noël est une ordure*, film qu'un journaliste du *Quotidien de Paris* décréta jadis être une œuvre « néo-fasciste et profondément nauséabonde [1] ». La France est un pays où les élites battent régulièrement leur coulpe avant de retomber dans les mêmes erreurs.

---

1. Josiane Balasko s'en vengea à sa manière en inventant, dans *Nuit d'ivresse*, le personnage du critique Ben Moumou dont les oreilles sont sectionnées.

Les éloges dont on couvre aujourd'hui de manière quasi unanime Jean Dujardin ne peuvent faire oublier le discrédit dont il souffrit longtemps dans les médias. Les réunions des services « Culture » des principaux hebdomadaires ou quotidiens fournissent à ce sujet un lot d'anecdotes inépuisable. Jusqu'en 2011, un journaliste devait avoir une bonne dose d'inconscience ou de solides positions décourageant toute mesure de rétorsion pour oser proposer un papier sur lui ou sur certaines de ses prestations, notamment dans *Brice de Nice* ou dans *Lucky Luke*. C'était comme suggérer à une assemblée de théologiens avertis de discuter de la notion de libre arbitre dans l'œuvre de San Antonio. Au pis, les patrons de ces rubriques prenaient un air pincé et laissaient entendre que, dans leur omniscience proverbiale, ils n'ignoraient point que le susdit personnage avait attiré des dizaines et des dizaines de milliers de téléspectateurs lors de la diffusion, à la télévision, d'*Un gars, une fille*, cette série précédant le sacro-saint journal télévisé de 20 heures. Voilà ce que le public réclamait plutôt que d'attendre patiemment la diffusion sur Arte de la grande enquête sur la persécution des transsexuels unijambistes dans le Bas Berry au XIVe siècle. À tout péché miséricorde, ce qui ne justifiait pas pour autant de s'en préoccuper plus avant.

Au mieux, certains poussaient la fausse impartialité jusqu'à faire remarquer qu'ils avaient vu l'intéressé dans *Contre-enquête*, *Ca$h* ou *Le bruit des glaçons* et à déplorer qu'un tel talent s'abaissât à préférer des rôles alimentaires à de rares et précieuses, à défaut d'être rentables, apparitions de qualité sur les écrans. Sans avoir l'assurance qu'elles lui vaudraient pour autant leurs faveurs. Il suffit pour cela de se rappeler du dédain avec lequel la critique jugea la participation de Jean Dujardin au film de Nicole Garcia, *Un balcon sur la mer*, une chronique douce et amère de la « nostAlgérie », un thème très fécond. *Télérama*, sous la plume de Juliette Bénabent, s'empressa de jubiler : « Jean Dujardin rate sa conversion en acteur tragique », ce que le million de spectateurs du film eut le mauvais goût de ne pas juger exact…

Mal aimé de la profession, Jean Dujardin l'est assurément au point que nul n'a songé jusqu'ici, en dépit de ses indéniables succès, à lui consacrer une biographie. Ce ne fut pas la moindre de mes surprises au lendemain de la cérémonie des oscars quand il me vint l'idée de réaliser enfin un projet auquel je réfléchissais depuis quelque temps, lui consacrer un ouvrage tant il me paraissait assez emblématique des mentalités françaises et de son époque. En consultant Internet, je m'aperçus rapidement qu'il n'existait qu'un seul livre, une compilation des fiches le concernant sur Wikipedia[1], phénomène pour le moins singulier en une période où les éditeurs ne dédaignent pas de consacrer des ouvrages aux vedettes éphémères des émissions de téléréalité ou à Justin Bieber, chanteur à mèche âgé de 15 ans.

Visiblement, il n'était pas « *bankable* » auprès des éditeurs pas plus qu'il ne l'avait été auprès des producteurs à certains moments clés de sa carrière, notamment lorsque lui et son ami Michel Hazanavicius conçurent le projet en apparence fou de tourner un film muet, essuyant alors les refus ou réticences qu'avait, en 1976, rencontrés Mel Brooks lorsqu'il avait réalisé *La dernière folie de Mel Brooks*, l'histoire d'un cinéaste sorti d'une cure de désintoxication et tentant de persuader ses pairs de l'aider à réaliser un film muet. Nul n'avait cherché à en savoir plus sur lui et à lui consacrer plus que quelques feuillets.

À vrai dire, Jean Dujardin en était en grande partie responsable. Les multiples articles dont il a fait l'objet dans la presse, depuis ses débuts,

---

1. Cf. Marie-Annabelle Roche, *Jean Dujardin, Itinéraire d'un artiste pas comme les autres*, Fastbook publishing, 2011.

ou les interviews qu'il a accordées, montrent qu'il est demeuré toujours très discret sur tout ce qui n'a pas trait *stricto sensu* à l'exercice de sa profession. On n'y relève ainsi que peu d'allusions à sa vie privée et à son parcours, comme s'il s'agissait d'un domaine où nul n'a le droit de pénétrer. Voire envie de pénétrer, puisque ce que l'on devine en filigrane est somme toute d'une étonnante et décourageante banalité qui interdit les spéculations sur l'enfance malheureuse ou défavorisée, la lutte acharnée contre un destin contrarié ou ces faux grands malheurs qui tiennent à certains de raison d'être et de briller ou de se consumer à de fallacieuses flammes.

À cela s'ajoute la manie qu'il a de saboter inconsciemment toute velléité de voir un auteur lui consacrer un opuscule. Il y a quelque chose de fascinant à le voir brouiller délibérément les pistes, passer de la comédie populaire à la tragédie avant de revenir à la première, comme s'il se refusait à s'installer une fois pour toutes dans un seul registre et offrir ainsi à l'auteur éventuel un fil conducteur. Il en assène d'ailleurs la preuve une fois de plus avec *Infidèles*, sorti sur les écrans la semaine même où il recevait son oscar pour *The Artist*, prenant un malin plaisir à déconcerter le spectateur qui verrait les deux films l'un à la suite de l'autre.

Cet ouvrage n'est donc ni une biographie autorisée, terme au demeurant détestable, ni une biographie *stricto sensu*, dont je ne suis pas sûr qu'elles auraient été d'une grande utilité. C'est plutôt un portrait subjectif d'un acteur au flair exceptionnel, qui a su faire de son apparente banalité le ressort de son succès et de sa carrière. Un personnage en phase avec son temps, dont chaque film – même ceux les plus faibles aux yeux des plus exigeants – a, on le verra, un aspect sociétal prononcé en ce sens qu'il met en perspective certaines de nos interrogations, faiblesses, comportements ou manies, sorte de miroir dans lequel il ne fait pas toujours bon se regarder. Un personnage auquel on pourrait au demeurant appliquer le qualificatif que se décerna, dans un autre domaine, au début de sa campagne pour les primaires socialistes, François Hollande, celui d'un « mec normal », très français moyen, consensuel, presque insipide, qu'on serait bien en mal de situer sur l'échiquier politique ou intellectuel, tant il a pris grand soin, contrairement à certains de ses pairs, de fuir toute forme d'engagement. À l'exception notable et peu médiatisée de sa participation, à la demande de son ami Marc Lièvremont, à la campagne pour la Fondation Mouvement pour les Villages d'Enfants, une cause très noble mais quelque peu secondaire par rapport à d'autres.

J'ai simplement voulu essayer de saisir qui était au juste Jean Dujardin et ce qui se cachait derrière ses multiples et très diverses apparitions à l'écran, en ne perdant jamais de vue ni l'irritation que provoquèrent en moi certaines de celles-ci, ni le plaisir éprouvé devant d'autres, comme son interprétation de *Bambino* en arabe dans *OSS 117 : Le Caire, nid d'espions*, un morceau d'anthologie qui me rappelait Lili Boniche [1] et certaines soirées dans un pays d'Afrique du Nord qui ne m'est point totalement indifférent.

En un mot, j'ai voulu comprendre, ce qui est la mission première du journalisme, et faire partager aux lecteurs mes constatations tout comme mes interrogations et mes étonnements. Ni moins, ni plus.

1. Lili Boniche (1921-2008) est un chanteur juif-algérien.

1

# Jean du Plaisir

Plaisir, une localité des Yvelines, à quelques kilomètres de Trappes et de Versailles, aura sans doute un jour une rue ou une place Jean Dujardin. Cet ancien village rural, devenu au milieu des années 1970 l'une des villes nouvelles érigées à la périphérie de Paris, aime à honorer ses enfants d'adoption. Elle a ainsi donné le nom de sa salle de théâtre, installée dans le château autrefois propriété de la famille Le Tellier, à Robert Manuel, ancien sociétaire de la Comédie-Française qui était venu y passer la dernière partie de sa vie. Elle a toutes les raisons d'en faire de même avec l'interprète de *The Artist*.

Car c'est à Plaisir que Jean Dujardin, né le 19 juin 1972 à Rueil-Malmaison, a grandi. Les siens sont venus habiter cette localité pavillonnaire qui attire les cadres moyens et les petits patrons en quête d'un cadre de vie agréable. Elle réalise le rêve formulé jadis par l'humoriste Alphonse Allais : installer les villes à la campagne. Ancien militaire de carrière, le chef de famille, Jacques Dujardin est devenu entrepreneur [1] dans le secteur du bâtiment, un secteur alors en pleine progression. C'est un homme épris d'indépendance. Il se couche ainsi rituellement à 21 heures alors que sa femme attend 1 heure du matin pour le faire. Cela ne les empêche pas d'être un couple profondément uni, ce dont leur fils cadet s'émerveille : « Ils ont trouvé leur équilibre et sont ensemble depuis cinquante ans [2]. » Les affaires du père marchent plutôt bien et les enfants du couple, quatre fils, connaissent une jeunesse sans histoire. Rien à voir avec l'enfance plus chaotique et moins souriante d'une autre star du

1. Certains le présentent comme étant un ouvrier, façon de souligner l'extraordinaire parcours de son fils. En fait, c'est un petit patron, catégorie socio-profesionnelle moins valorisante en terme d'image que le défunt prolétariat. Le septième art n'est pas le seul à se livrer à de curieux trafics d'origine. Longtemps, François Mitterrand se présenta dans sa notice du *Who's who* comme fils de cheminot, au motif que son père avait été sous-chef de gare à Angoulême avant de prendre la direction de l'entreprise de son beau-père, un notable vinaigrier de Jarnac.

2. Cf. Gilles Medioni, « Jean Dujardin, Gilles Lellouche. Salut les artistes ! », *L'Express*, 22 février 2012, pp. 33-35, p. 35.

showbiz français, Jamel Debbouze, né trois ans plus tard que Jean Dujardin, qui grandit à Trappes, à dix minutes de Plaisir, dans un environnement très différent, quasiment une autre planète.

À Plaisir, Jean Dujardin n'est pas le seul artiste en devenir, même s'il ignore tout de son futur métier. Une autre future star du grand écran y vit : Guillaume Canet, dont les parents, rapatriés d'Algérie, possèdent un haras près de là, haras où ils veillent sur l'un des chevaux de Jean Rochefort. Du même âge, à un an près, les deux garçons évoluent dans un environnement identique. Ils sont ensemble au CM1 et au catéchisme. Ils font leur première communion dans la même paroisse. Cette proximité rend assez insolite la pique amicale adressée par Gilles Lellouche, en présence de Jean Dujardin, à leur partenaire dans *Infidèles* : « En fait, il [Guillaume Canet] ressemble au Versaillais de base, il joue au cricket, court les rallyes, danse le madison [1]... » Caennais d'origine, Gilles Lellouche prend ses distances avec un modèle trop lisse à son goût. Dujardin ne moufte pas. Il adore chambrer ses proches et il ne répugne pas à ce qu'on lui rende la pareille...

1. Cf. « Jean Dujardin, Gilles Lellouche, haute infidélité », *Première*, février 2012, pp. 48-54, p. 54.

Il est vrai qu'à l'époque Guillaume Canet songe moins aux planches qu'aux chevaux. Fou d'équitation, il envisage une carrière de champion dans une discipline haut de gamme. Il vit donc dans un univers qui n'est pas précisément celui de *Germinal*, sans être non plus celui de la grande bourgeoisie de la cité du Roi-Soleil. C'est un monde clos et fermé qui ne s'ouvre guère aux nouveaux venus, à ceux dont les racines sont ailleurs.

Issu d'un milieu nettement moins fortuné que celui de son futur partenaire, Jean Dujardin fréquente l'école, puis le collège et le lycée, sans y briller particulièrement ou y laisser un souvenir impérissable. Pourtant, en matière de pédagogie, sa ville d'adoption pourrait prétendre à quelques lettres de noblesse. C'est dans l'école primaire Alain-Fournier, du nom de l'auteur du *Grand Meaulnes*, que Claude Berri, père de Thomas Langmann, le producteur de *The Artist*, a tourné en 1981 *Le Maître d'école* avec Coluche, un bel hommage aux hussards de la République, très loin de l'*Entre les murs* de Laurent Cantet primé par le festival de Cannes.

Sur ses expériences scolaires et son enfance et adolescence, le futur lauréat de l'oscar du meilleur acteur ne s'est guère montré disert. Il n'a laissé transparaître que ce qui était strictement nécessaire et contribuait à forger l'image qu'il entendait donner de lui. Ce n'est pas celle d'un premier de la classe. Dans *L'Humanité Dimanche*, Lionel Decottignies note qu'il est « plus brillant à collecter les rires en classe par ses pitreries, qu'à récolter les bonnes notes [1] », une indication que de futurs cancres n'hésiteront sans doute pas à utiliser pour justifier face à leurs géniteurs leurs désastreux bulletins scolaires.

Dans un entretien avec Pierre Vavasseur en 2004, il admet avoir eu une vocation très précoce pour le métier d'acteur : « J'ai toujours voulu faire le métier d'acteur, que ce soit sur les planches, à la télé ou au cinéma. Quand j'étais môme, je jouais tout seul dans ma chambre [2]. »

Ses premiers succès, il les remporte donc sur l'estrade lorsque l'instituteur ou l'institutrice l'y appelle pour y résoudre un problème de calcul ou une difficulté grammaticale. C'est la rigolade assurée. Sa distraction est si proverbiale qu'elle lui vaut à la maison le surnom de « Jean de la Lune », allusion à un personnage créé au

---

1. Cf. Lionel Decottignies, « Oscars 2012 : Jean Dujardin, une école… celle du rire ! », *L'Humanité Dimanche*, 1er au 7 mars 2012, p. 62.

2. Cf. Pierre Vavasseur, « Jean Dujardin : ne l'appelez plus Loulou », *Le Parisien*, 14 avril 2004.

théâtre par Marcel Achard [1], celui d'un poète naïf et rêveur manipulé par ses proches mais auquel la vie offre une belle revanche. Il n'y a point de cruauté dans ce sobriquet. Les Dujardin sont une famille unie, un clan, ce que l'intéressé reconnaît volontiers. Il a le sens de la famille, de la fratrie, et le conserve puisqu'aujourd'hui, c'est l'un de ses frères, Marc, avocat [2], qui s'occupe de ses intérêts. Son père sera parmi ceux qui l'ont accompagné à la cérémonie des oscars à Hollywood, volonté manifeste du fils de l'associer à son succès et de lui manifester sa reconnaissance pour une enfance au fond plus heureuse qu'il ne l'avait imaginée.

Car enfance et bonheur furent longtemps loin d'être synonymes à ses yeux. Sa taille imposante, ses pitreries de cancre malgré lui et une certaine timidité lui valent des déboires contre lesquels il trouve refuge dans une féroce envie de sauter les étapes et de passer à l'âge adulte. Enfant, il rêve essentiellement de devenir grand afin de pouvoir prendre sa revanche et montrer à ceux qui le chahutent qui il est réellement.

---

1. Cet académicien français connaissait bien Plaisir et sa région, puisqu'il se rendait régulièrement pour chasser à Poigny-la-Forêt chez l'un de ses amis, Pierre Hamel.

2. Il est l'un des deux associés du Cabinet R&D créé en 2003 avec Guillaume Roland.

Il ambitionne de pouvoir ainsi les « casser », à la manière dont Brice de Nice, surfeur peroxydé, « casse » ses interlocuteurs par de singulières réparties.

On sent bien que Dujardin exprime à travers son héros une certaine revanche sur les failles de l'enfance, cette période de sa vie où il n'avait pas toutes les clés nécessaires pour s'imposer face aux autres et sortir vainqueur de certaines bagarres dans les cours de récréation. Brice de Nice n'est pas sorti de son imagination. Cet individu insupportable, il l'a réellement côtoyé en la personne de l'un de ses condisciples de terminale, un adolescent suffisant, imbu de lui-même, qui passait son temps à affirmer sa supériorité sur les autres et à leur faire bien sentir qu'ils étaient des minables. Le genre de type qu'on prend vite en grippe parce qu'il attire la sympathie des filles et qu'il est le chef de bande qu'on aurait rêvé d'être et qu'on ne sera jamais. Ce garçon, à l'identité inconnue, a profondément marqué Jean Dujardin. Il le fait revivre avec Brice et place dans la bouche de ce dernier les réparties qu'il aurait dû avoir à l'époque et qui lui auraient évité déconvenues, brimades et humiliations. Brice est l'adolescent qu'il aurait rêvé d'être.

Ces petites blessures d'amour-propre n'ont pas constitué un réel traumatisme car le noyau familial était là, cocon protecteur où il trouvait réconfort et apaisement. Au risque de se lover dans une sorte de régression qui transparaît en filigrane dans Brice de Nice. Jean Dujardin coupera ainsi au montage un passage où on voit le surfeur nourri par sa gouvernante comme un gamin de 3 ou 4 ans, scène dont un psychanalyste aurait pu faire ses délices.

On n'en sait et on n'en saura sans doute jamais davantage. L'un des « people » les plus exposés à la curiosité des paparazzis cultive le secret sur ses jeunes années tout comme il s'efforce de protéger les siens d'une trop grande exposition publique, ce qui n'est guère évident. Il n'a pu échapper à la médiatisation de son mariage, à Anduze[1], le 25 juillet 2009, avec Alexandra Lamy, sa partenaire dans *Un gars, une fille* et sa compagne dans la vie depuis 2003, alors que, jusque-là, rien ou presque n'avait transpiré sur sa liaison avec Gaëlle dont il a eu en 2000 et 2001 deux enfants, Simon et Jules[2], aussi invisibles que Chloé, née en 1997, de

1. Dans le Gard, près d'Alès, où ils possèdent une maison.

2. Des enfants auxquels il attache une grande importance au point d'affirmer dans *Studio Live Ciné* n° 3 : « J'ai une vie après mon métier : notamment des enfants que je veux voir grandir et avec qui j'ai envie de passer du temps. »

l'union d'Alexandra Lamy avec l'acteur Thomas Jouannet [1].

Jean Dujardin appartient à une génération sage, très sage, celle dont certains découvriront qu'elle pouvait être une génération morale à l'occasion des mobilisations dans les années 1984-1986 contre la résurgence du racisme et de la xénophobie sous les couleurs de SOS racisme. À Plaisir, longtemps municipalité socialiste, on ne ressent que très faiblement les soubresauts de l'agitation parisienne. Les habitants ne sont pas les adeptes d'une révolution qui ferait table rase de tout. Plaisir est rose mais d'un rose très pâle.

Ses universités, ce fut essentiellement la télévision, dont il est un consommateur effréné comme de nombreux gamins de sa génération scotchés devant le récepteur dès leur retour à la maison. Les sketchs des Nous Ç Nous montrent qu'ils connaissent par cœur tous les feuilletons et émissions diffusés alors sur le petit écran.

C'est aussi un grand amateur de films, avec une prédilection pour ceux de son idole, Jean-Paul Belmondo, et une réelle passion pour le

---

1. Jean Dujardin fait preuve d'une grande pudeur sur sa vie privée. Il laisse toutefois transparaître à de rares occasions ses sentiments, notamment lorsqu'il affirme, dans une interview avec Gilles Medioni, que « voir sa nana embrassée par un autre comédien, c'est insupportable ».

cinéma américain, les superproductions de George Lucas et Steven Spielberg, qui n'ont point leur équivalent dans l'hexagone.

Il aime aussi la bande dessinée. C'est un fan d'Astérix et surtout de Lucky Luke, le cow-boy solitaire de René Goscinny et Morris qui traîne au Far West sa dégaine et son mal-être. La BD lui plaît infiniment plus que le monde des livres dont il se tient, pour l'heure, soigneusement à l'écart. Le choix d'une filière littéraire, avec option dessin, au lycée, n'est pas la conséquence d'une passion dévorante pour les belles-lettres mais de sa brouille définitive avec les matières scientifiques, trop ardues et trop prenantes. C'est une voie, royale, de garage, une manière de composer avec sa famille pour laquelle l'obtention du baccalauréat est un minimum requis.

À défaut de briller dans ses études, l'adolescent prend grand plaisir à fréquenter le conservatoire municipal de danse, musique et art dramatique, ainsi que les cours donnés par un couple d'acteurs, les époux Michèle et Yves Le Bras, dans leur structure, Le théâtre en herbe. Il y fait ses premiers pas sur les planches, des débuts prometteurs à en croire ces deux enseignants installés aujourd'hui en Bretagne à Locam avec lesquels il est resté en relation épisodique : « Nous avons tout de suite vu qu'il avait du talent, dans le sillage des grands… Quand on l'a découvert, nous savions qu'il avait un immense talent et ce qu'il vient de faire dans ce film muet le prouve. » Non sans ajouter avec un sens très aigu de la publicité et de leurs intérêts : « Quelque part, (cette récompense à Cannes) nous revient un peu aussi[1] ! » Ni à Cannes, ni à Hollywood, leur ancien élève ne les a pourtant évoqués, se conduisant très différemment d'Albert Camus qui, lors de l'attribution de son Nobel de littérature, n'avait pas manqué de rendre hommage à Louis Germain, son instituteur du quartier de Belcourt à Alger, celui auquel il devait d'avoir pu entrer comme boursier au lycée Bugeaud. Autres temps, autres mœurs…

Est-ce là, au théâtre en herbe, qu'est née son irrésistible envie d'embrasser la carrière de saltimbanque ? La légende le voudrait. Hélas, ce n'est pas le cas ou ce ne semble pas avoir été le cas. Il ne faut pas confondre activité récréative, pour occuper les heures de loisirs, et métier. Après un bac A3 (lettres et arts plastiques), Jean Dujardin entre dans l'entreprise paternelle, exerçant la profession de serrurier, alors que l'un de ses frères, Marc, moins rétif

1. Cf. « Ils avaient découvert le talent d'acteur de Jean Dujardin », *Ouest-France*, édition de Guingamp, 25 mai 2011.

au savoir, termine ses études de droit. On a connu des ruptures plus déchirantes avec le milieu d'origine, de fantastiques engueulades entre des parents soucieux de l'avenir de leur rejeton et les frasques de ce dernier prêt à toutes les révoltes et transgressions pour assouvir une passion dévorante pour le théâtre. Le jeune Dujardin se garde bien de rompre avec son clan et fait mine de filer doux, s'assurant provisoirement la poursuite du gîte et du couvert ainsi qu'une éventuelle base de repli en cas d'échec de ses rêves secrets.

Le déclic ne vient qu'au moment du service militaire. Jean Dujardin appartient aux dernières tranches d'âge appelées à servir sous les drapeaux. À sept ans près, il y échappait. L'une des principales décisions de Jacques Chirac, après son arrivée à l'Élysée, fut en effet de mettre fin à la conscription obligatoire pour les jeunes nés après 1979, au grand dam de certains de ses partisans et des nostalgiques de la « chaleureuse » fraternité des casernes pour lesquels l'on n'était pas un homme tant que l'on n'avait pas fait son service.

Fils d'un ancien militaire de carrière, Jean Dujardin devient donc bidasse, ce dont, selon Lionel Decottignies, il aurait conservé des « souvenirs cocasses » : « Son premier sketch y est né. Il y dépeint des instructeurs ras du béret. » Admettons... Même si l'auteur de cette assertion écrit dans un journal rouge et fait partie, comme le diraient les amis de Hubert Bonisseur de La Bath, alias OSS 117, de ces bolcheviks qui ne cherchent qu'à cracher sur les trois couleurs... On peut tout juste constater que le service militaire sera, hormis un sketch, indirectement source d'inspiration pour Jean Dujardin *via* Claude Berri qui en fit un film, *Le Pistonné* (1970), racontant le service d'un jeune conscrit juif au Maroc, confronté au racisme anti-juif et anti-arabe de ses supérieurs, thème qu'on retrouvera dans *OSS 117*...

# 2

# L'enfant de la télé

Jean Dujardin n'aura qu'un temps éprouvé la passion de Louix XVI pour la serrurerie. À son retour du service militaire, il se lance sur les planches, du moins tente de le faire, en « montant » à Paris. La capitale est à trente minutes par train de Plaisir mais c'est un autre monde, très différent du cadre douillet et rassurant dans lequel il vit depuis son enfance. Devenu aujourd'hui aux yeux des Américains l'incarnation du titi parisien, il n'a rien cependant à l'époque de l'habitant de longue date de la capitale. C'est un banlieusard, mais d'une banlieue très différente de ce que l'on désigne communément sous ce terme au début des années 1990, ces tristes cités où l'on a parqué les pauvres, les exclus, les étrangers. La banlieue, ce sont « les banlieues », les zones dites sensibles, qu'on présente volontiers comme des territoires hors la République peuplés, entre autres, par des jeunes appartenant le plus souvent à la première ou seconde génération de l'immigration originaire de l'ex-empire français. Le 93 (Seine-Saint-Denis) et le 94 (Val-de-Marne) en sont les lieux emblématiques, à des siècles-lumière des *suburbs* chics du 78 et du 92, où Jean Dujardin a vu le jour et grandi.

Lorsqu'il « débarque » à Paris, Jean Dujardin fait presque figure d'*ovni*. C'est une sorte de Lucien de Rubempré tout droit sorti d'Angoulême qui n'ose pas se prendre pour un Rastignac interpellant la capitale : « À nous deux Paris ! » Lorsqu'il le voit se présenter pour une audition, Éric Collado, son futur partenaire des Nous Ç Nous, le prend pour un « pays », un Méridional comme lui, qui a dû abandonner à regret la garrigue pour les rues sombres de la grande métropole. Dujardin ne s'en formalise pas. Il est né et a grandi en région parisienne mais a gardé des liens solides avec le Médoc dont son père est originaire. Être assimilé à un Méridional ne le blesse pas même si son Midi diffère de celui de Collado.

Cela crée en plus entre eux une complicité qui lui permet de faire oublier que ses titres sont plutôt minces : un bref passage dans un café de la rue de Charonne qu'il a décroché au culot. Il est entré dans l'établissement et a dit au patron : « Vous avez une salle, j'ai un spectacle. »

Comme des dizaines d'autres aspirants à la notoriété, Jean Dujardin a choisi de se faire un nom au café-théâtre. C'est la « filière du pauvre », la planche de salut de ceux et celles qui n'ont pas pu ou voulu suivre les cours du Conservatoire, l'ENA des variétés. Très en vogue depuis le début des années 1970, le café-théâtre a été une formidable pépinière de talents. C'est là qu'ont débuté ou se sont épanouis Romain Bouteille, Patrick Topaloff, Patrick Dewaere, Coluche, Miou-Miou, Josiane Balasko, Thierry Lhermitte, Marie-Anne Chazel, Christian Clavier, Anémone, Gérard Jugnot et quelques autres, devenus depuis des acteurs et actrices de renom, des « people » courtisés et adulés, dont certains sont passés de l'autre côté de la caméra pour devenir réalisateurs et tourner de formidables succès.

De quoi encourager les vocations des nouveaux jeunes loups rêvant de marcher sur leurs traces et qui ne tardent pas à déchanter. Le café-théâtre est une rude école de vie. Les artistes se produisent dans des salles restreintes, guère plus d'une soixantaine de places, et leurs prestations n'excèdent pas quarante-cinq ou cinquante minutes. *The show must go on* et plusieurs spectacles se succèdent dans la soirée, afin de rentabiliser les salles. La concurrence est rude et les flops plus nombreux que les succès. La critique ne s'y intéresse que de très loin et c'est souvent le bouche à oreille qui assure d'éphémères triomphes. Les cachets, de surcroît, sont dérisoires et il faut jongler avec les à-côtés (figurations dans des films, claques dans des émissions de télé) pour être admis à bénéficier des chiches avantages réservés aux intermittents du spectacle.

C'est un milieu où il ne fait pas bon évoluer en solitaire. La seule chance de s'en sortir, c'est de se rattacher à une troupe, à une bande, en espérant que ledit groupe connaîtra la même aventure que celui du Café de la Gare ou du Splendid. Jean Dujardin n'est pas peu fier d'être admis au sein de la bande du Carré Blanc, à l'origine de laquelle l'on trouve Philippe Urbain et Éric Massot, rejoints après 1994, en vagues successives, par Bruno Salomone, Éric Collado, Sonia Mathieu, Luc Antoni et Emmanuel Joucla. C'est auprès d'eux qu'il va s'épanouir et apprendre à maîtriser toutes les ficelles du métier, partageant les réussites comme les échecs.

Il a choisi ses partenaires. Il n'a pas attendu qu'un agent daigne s'intéresser à lui. D'ailleurs, il a renoncé à faire la tournée des officines spécialisées, l'estimant inutile : « J'ai vite compris que ça ne servait à rien de faire les agences. Faut pas rêver. Votre photo rejoint une pile et on ne vous appelle pas. » À ses yeux, le comique est une école indispensable avant de passer à autre chose : « Le comique, pour moi, c'est un complément. C'est bien de commencer par ça. Sinon, je n'ai pas besoin d'être sur scène. » L'ambition pointe déjà le bout de son nez, gentiment refrénée. Il ne veut pas prendre la grosse tête. Il se contente d'être l'un des membres de la bande du Carré Blanc. Enfin une bande ! Même s'il n'est pas, loin de là, le chef.

Ces joyeux lurons ont une immense qualité : ils savent flairer l'air du temps et comprennent qu'en cette période troublée, marquée par le déclin des idéologies et des croyances et par un scepticisme teinté de cynisme, la dérision est une médication dont les Français font une forte consommation. Bon enfant, ils aiment qu'on brocarde leurs menus travers et leurs engouements passagers, quitte à jurer leurs grands dieux que ce ne sont point eux, mais leurs voisins qui sont ainsi épinglés. Ils adorent la farce, la grosse farce, à condition qu'elle soit assortie, en arrière-plan, d'un zeste de second degré qui les déculpabilise et leur donne l'impression de ne pas tomber dans le comique vulgaire.

La dérision, c'est donc le fonds de commerce de la bande du Carré Blanc. En ces années 1996-1997, elle trouve à s'exercer contre la résurgence du phénomène des boys bands. Il propulse au sommet des hit-parades des groupes de chanteurs dont les qualités vocales importent moins que le physique avantageux de jeunes premiers et les déhanchements soigneusement étudiés. Ces bellâtres sont les nouvelles idoles d'adolescents filles et garçons à la sexualité tout aussi exacerbée qu'imprécise.

Le phénomène est international. Venu des États-Unis et de Grande-Bretagne, il se répand comme une traînée de poudre en France, plus particulièrement avec l'émergence des To Be Free, vite recyclés en 2Be3, un groupe formé en 1996 par trois banlieusards de Longjumeau, Filip Nikolic, Adel Kachermi et Frank Delay. Vite repérés par EMI, ils font un véritable carton avec leur premier single, « Partir un jour », qui s'écoule à 800 000 exemplaires. Dans la foulée, ils tournent une sitcom de quarante épisodes, *Pour être libre*, retraçant les débuts de leur carrière, produite par AB, la société de Claude Berda et Jean-Luc Azoulay [1].

1. La série est diffusée sur TF1 et a une moyenne de 2,7 millions de téléspectateurs par jour.

Il y eut un réel engouement pour les boys bands et la bande du Carré Blanc sut admirablement le brocarder en inventant les Nous Ç Nous, titre du trio constitué par Jean Dujardin, Éric Massot et Éric Collado[1], interprète de la chanson éponyme et de *Big or no*, étonnant morceau de bravoure culinaro-musical. Le succès est tel que la bande du Carré Blanc renonce à son appellation d'origine pour devenir tout simplement les Nous Ç Nous[2]. Ils sont remarqués par Patrick Sébastien, animateur vedette du PAF, le Guy Lux des années 1990, qui leur ouvre les portes de *Fiesta*, puis du *Plus Grand cabaret du monde*, les deux émissions qu'il anime sur France 2.

Jean Dujardin lui en reste reconnaissant : « Il m'a filé un gros coup de main, je lui dois un gros merci. » C'est l'une de ses qualités. Pour avoir lui-même couru le cachet, il n'oublie pas

---

1. Dans le clip vidéo réalisé à l'occasion, Philippe Urbain et Éric Massot interprétaient les gardes du corps, compagnons indispensables des boys bands, chargés d'éloigner les fans trop enthousiastes.

2. Est-ce une involontaire contribution de Laurent Fabius au monde du showbiz ? Chacun se souvient que, interrogé sur son désaccord avec le président François Mitterrand à propos de la visite en France du général polonais Jaruzelski, le Premier ministre avait alors lancé un très énigmatique : « Lui c'est lui, et moi c'est moi. »

ses compagnons de galère et ceux qui suivent ses traces. Ainsi en 2004, il consacrera beaucoup d'énergie pour promouvoir le spectacle d'Arsène Mosca, qu'il a croisé dans *Ah ! Si j'étais riche*. Mosca se produit alors au théâtre de la Main d'Or et apprécie l'élégance du geste. Ils ne se quitteront plus. Arsène Mosca tournera dans plusieurs fims de Jean Dujardin et celui-ci réalisera en 2007 une série télévisée, *Palizzi*, dont il est le héros.

Les Nous Ç Nous font donc leurs débuts sur le petit écran et n'en resteront pas là. Ensemble ou en duo (Bruno Salomone/Jean Dujardin), on les verra sur France 3 et M6. Ils sont passés du café-théâtre à la télévision, multipliant les allers-retours entre l'un et l'autre même si leur terre promise est bien entendu l'univers cathodique, celui qui a nourri leur enfance et leur adolescence et qu'ils vont prendre un malin plaisir à détourner. Ce sont réellement des « enfants de la télé », pour reprendre le titre de l'émission-phare d'Arthur, qui connaissent sur le bout des doigts tous les grands moments des étranges lucarnes comme leurs parents ou grands-parents savaient par cœur la liste des départements français ou les fables de La Fontaine. C'est dans cet univers qu'ils puisent leur source d'inspiration tout comme dans le cinéma américain, du moins un certain cinéma américain :

des films récents, qui vont de *Star Wars* à *Alien* en passant par *Le Parrain* ou *Matrix*.

Ce sont ces films devenus culte en peu de temps qu'ils parodient dans des sketchs hilarants, *La Géguerre des Étoiles*, *Alliaine*, *Les Affranchis* ou *Mastrique*, ne retenant dans leur panthéon qu'un seul titre français, *Taksi 3*, parodie de *Taxi*. Ces saynètes, disponibles en DVD, valent le détour. On peut ainsi y voir Jean Dujardin camper Bruce Syphilis, alias Bruce Willis, et pousser avec ses compères un joyeux cri de guerre : « Pour l'Amérique et pour les Bouches-du-Rhône ! », clin d'œil d'Éric Collado à sa région d'origine. On peut aussi s'amuser de voir l'un d'entre eux se faire masser, un oscar négligemment déposé près de sa tête…

Mais c'est surtout le détournement de la télévision qui constitue le fonds de commerce des Nous Ç Nous. Ils parodient avec talent les émissions les plus populaires ou les plus emblématiques du PAF de l'époque et leurs animateurs-vedettes, du *Taratata* de Nagui (*Turlututu*) à Marc-Olivier Fogiel (*Marc-Olivier faut que j'y aille*), en passant par le *Sagas* (*Ça gave*) de Stéphane Bern, les *Z'amours* de Jean-Luc Reichmann, *Y'a pas photo (Y a pas Toto)* de Pascal Bataille et Laurent Fontaine, *Ça se discute (Je discute)* de Jean-Luc Delarue,

*Tout le monde en parle* de Thierry Ardisson (*Tout le monde se casse*) ou *Capital* (*Capitaliste*) d'Emmanuel Chain, version télévisuelle de « l'Économie pour les nuls » et apologie fort discutable de l'ultralibéralisme. C'est drôle, gentiment méchant, roublard à souhait, politiquement mais très sagement incorrect, sans hargne excessive, sauf peut-être contre Marc-Olivier Fogiel.

Jean Dujardin ne boude pas son plaisir. On le voit ainsi tenir le rôle d'un Jean-Paul Gaultier en kilt débattant avec un pseudo Paco Rabanne sur l'éventuelle fin du monde annoncée par l'ancien couturier. Il imite également un Elie Semoun téléphonant aux skinheads de Rouen en se faisant passer pour Dieudonné et en annonçant à ses interlocuteurs qu'il se produit le soir même dans leur ville. C'est l'époque où les deux humoristes ne sont pas encore brouillés et où le second n'a pas encore entamé sa pitoyable dérive. Il joue aussi avec beaucoup d'habileté un Stéphane Bern plus pontifiant que nature, faisant découvrir au peuple le château des Bourbon de la Crémaillère avant de découvrir les plaisirs du cannabis lors d'une visite dans la villa tropézienne d'Eddy Barclay.

De très loin, le morceau de bravoure est constitué par sa participation à l'interview de

Françoise Moisie, une romancière quinquagénaire édentée et alcoolique, interprétée par Éric Massot. Un formidable portrait à charge aux sources multiples. On pense bien entendu à l'interview de Françoise Sagan par Pierre Desproges pour *Le Petit rapporteur*, morceau d'anthologie. Mais le chandail, les grosses lunettes et les liqueurs roboratives font aussi songer à Marguerite Duras qui aimait à divaguer devant une caméra quand elle ne se livrait pas à de curieuses analyses sur certains faits divers tragiques.

D'autres sketchs des Nous Ç Nous sont plus sociétaux. La France de l'époque, c'est aussi la France des Bleus, l'équipe nationale de football qui, contre toute évidence, parvient à se qualifier puis à remporter contre le Brésil le Mondial 1998. Le phénomène ne pouvait leur échapper. Ils le traitent à leur manière, avec *Les Yeux dans les bœufs*, détournement du documentaire *Les Yeux dans les Bleus*[1], où Jean Dujardin tient le rôle de Zinedine Zidane, incarnation du footballeur muet. De quoi irriter les supporters les plus convaincus, mais qui correspond très bien aux critiques formulées avant la compétition

1. *Les Yeux dans les Bleus* est un film documentaire français réalisé en 1998 par Stéphane Meunier et la chaîne Canal +, produit par Jérôme Caza, société 2P2L (2P2L Télévision).

contre la sélection nationale et son entraîneur, Aimé Jacquet, bête noire de la presse sportive, notamment de *L'Équipe*.

Le triomphe des Bleus fut l'occasion de célébrer la France black/blanc/beur, une France métissée, fière de ses multiples composantes ethniques et religieuses, un rare moment d'unité nationale faisant oublier les déclarations malheureuses de certains leaders politiques à propos de l'immigration. Une réalité pourtant au cœur de nombreux débats français, débats dont les Nous Ç Nous se moquent dans deux sketchs que d'aucuns trouveront très « limites ». Le premier s'inspire de la vague du raï, symbolisée par l'étonnant succès de l'album de Khaled, Rachid Taha et Faudel, *1, 2, 3 Soleils* ! Les Nous Ç Nous interprètent eux une version arabe du *Curé de Camaret*, leur contribution au multiculturalisme ambiant. Quant aux banlieues, elles leur inspirent une saynète où l'on voit un maire démagogue – les modèles ne manquaient pas – rendre visite à de « gentils médiateurs » chargés de « la sécurité intrinsèque au sein de la cité », allusion transparente au système des « grands frères » prôné par SOS racisme pour ramener dans le droit chemin les jeunes tentés précocement par la délinquance, l'argent facile et l'oisiveté au pied des tours. C'est ironique, distancé, cela doit être pris au second degré. Ce peut l'être aussi au premier degré, ambiguïté sur laquelle le groupe ne paraît pas s'être interrogé.

Pour Jean Dujardin, les années Nous Ç Nous sont l'occasion de tester son personnage de Brice de Nice, un skateur mégalomane, vêtu d'un éternel tee-shirt jaune à son nom et d'un slip Gérard Klein (et non Calvin Klein). Car le premier Brice de Nice évolue sur une planche à roulettes dans les rues de Paris et non pas sur le sable fin ou de galets de la Méditerranée. Ce n'est que plus tard qu'il changera de discipline. Ces sketchs lui donnent la possibilité de mettre au point la « Brice Attitude », notamment la technique du « cassage » ou de la « casse » dont il énonce dans plusieurs sketchs les règles fondatrices : « balancer le bras droit du nord-ouest vers le sud-est sans toucher la Corse », avec ses variantes possibles (double casse, casse parallèle et casse en arrière) ainsi que les cris de guerre : « T'es cassé ! », « J't'ai cassé ! » ou « Salut ! Ça farte ? ». Relayées sous forme de vidéos par l'Internet naissant, ces brèves séquences lui valent une grande popularité et un premier noyau de fans.

Jean Dujardin peut mesurer sa popularité naissante aux récompenses qu'il engrange, notamment dans *Graines de star*, une sorte de télé-crochet animé sur *M6* par Laurent Boyer.

Elle rend moins difficile son départ des Nous Ç Nous en 1999, un départ dont ses anciens partenaires ne lui tiennent pas grief. Ils se retrouveront à plusieurs reprises sur des plateaux de tournage et continueront à s'épauler les uns les autres, sans qu'aucune acrimonie ne soit perceptible. Rien à voir avec l'amertume que purent éprouver un Luis Rego ou un Michel Blanc, les laissés-pour-compte des *Bronzés*. À tel point que, le 29 février 2012, Emmanuel Joucla pourra annoncer le retour prochain des Nous Ç Nous dans une comédie qu'il tournera en Tunisie, *Le Petit Joueur*.

# 3

# Loulou et Chouchou

La guerre féroce que se livrent, à la fin des années 1990, TF1 et France 2 n'a pas été totalement inutile. La bataille entre chaînes publiques et privées est très indirectement responsable de l'attribution de l'oscar à Jean Dujardin. C'est grâce à elle que sa carrière a connu une évolution radicale et qu'il s'est peu à peu fait connaître du grand public. Il y a pour lui un avant et un après *Un gars, une fille*. L'avant, ce sont quelques rares apparitions télévisées et de petits succès au café-théâtre ; l'après, c'est la possibilité d'utiliser sa notoriété pour décrocher des rôles au cinéma et s'imposer bientôt, non sans mal, comme l'un des acteurs les plus prometteurs de sa génération.

Jean Dujardin doit une fière chandelle aux dirigeants de France 2 et à leur rêve monomaniaque de vouloir supplanter en terme d'audience leur grande rivale privatisée, TF1, et, surtout, l'emblématique grand-messe du journal de 20 heures. Pour booster l'audimat de France 2, à l'heure du sacro-saint dîner en famille, il faut trouver un produit d'appel capable d'attirer sur la chaîne des centaines de milliers de téléspectateurs en priant pour qu'ils ne zappent point à 20 heures précises. La recette est simple : une bonne sitcom d'environ cinq à six minutes, précédée et suivie de fort rémunérateurs écrans publicitaires, sur le modèle du *Bébête show* ou des *Guignols de l'Info* de TF1 et Canal +. À ceci près que ces deux séries se sont progressivement usées – le *Bébête show* a disparu en 1995 – et sont par trop tributaires de l'actualité politique, celle dont les Français, accros à la cohabitation, se détournent désormais tant elle leur paraît terne et conventionnelle.

C'est de l'autre côté de l'Atlantique que deux productrices, Isabelle Camus[1] et Hélène Jacques, trouvent le produit miracle. Plus précisément dans la « belle province », ce Québec francophone si cher au général de Gaulle. Depuis 1996, une série créée par Guy A. Lepage y fait un véritable tabac. *Un gars, une*

1. C'est la fille de Jean-Claude Camus, producteur, entre autres, de Johnny Hallyday et Michel Sardou.

*fille* narre, cinq jours par semaine, la vie quotidienne d'un couple de gens très normaux, Guy et Sylvie, qui se chamaillent et qui tentent de trouver chacun leur rôle respectif dans leur relation.

C'est sociétal, gentillet et cela marche. À ceci près que le format des émissions québécoises, vingt-six minutes, est beaucoup trop long pour la télévision française. Il suppose que le téléspectateur décroche à temps des actualités régionales de France 3 ou des émissions de jeux de TF1 pour se river sur France 2 dès 19 h 30, l'horaire auquel une partie du public potentiel est occupée à coucher les enfants ou arrive chez elle en pestant contre la cohue dans les transports en commun. D'où l'idée de raccourcir considérablement la durée de chaque épisode qui passe pour la version hexagonale de vingt-six à six minutes. Il ne reste plus alors qu'à trouver les deux locomotives de la sitcom.

Isabelle Camus a déjà repéré Jean Dujardin. À ses yeux, il est l'acteur idéal pour incarner un trentenaire bellâtre, macho et fort en gueule. Reste à lui trouver sa partenaire. Ce sera Alexandra Lamy, compagne à la ville de l'acteur Thomas Jouannet. Elle est originaire du sud de la France, plus précisément d'Alès, en plein cœur des Cévennes, bastion du protestantisme français. Aux dires de ses amis, elle n'est pas peu fière de ses origines cévenoles et se passionne pour l'histoire de la région. Jean-Claude Carrière, romancier, l'a confié au *Nouvel Observateur* : « Son secret, la base de sa solidité, c'est ici, les Cévennes. Malgré son apparence de grande fille drôle et excentrique, Alexandra est une profonde, une rustique. » Il ne parle pas en l'air. Elle l'a contacté pour l'aider à écrire le scénario d'un film qu'elle veut consacrer à Jean Cavalier, le chef des Camisards, cette révolte des protestants cévenols contre les dragonnades au lendemain de la révocation de l'édit de Nantes.

Elle a grandi à Alès où ses parents sont commerçants. C'est en cachette d'eux qu'elle prend des cours de théâtre à Nîmes. Elle rêve d'être actrice mais doit se battre pour se débarrasser d'un fort accent méridional. Son ambition est d'entrer à la Comédie-Française et d'y interpréter des rôles tragiques. Montée à Paris, elle s'inscrit au Cours Florent et, pour gagner sa vie, travaille comme hôtesse d'accueil. Une expérience qui lui servira lors du tournage de la série, puisqu'Alex, l'héroïne, est secrétaire, et parfois préposée à l'accueil des clients.

Celle-ci est une opportunité en or pour elle. Jusque-là, elle s'est contentée de faire de brèves apparitions dans des sitcoms (*Les garçons de la plage*, *Le miracle de l'amour*, *Les années fac*), dans des téléfilms (*Un malade en or*, *Une femme d'honneur*) et dans une publicité réalisée par Patrice Leconte pour les plats cuisinés Marie. Disons que c'est bien peu et qu'elle n'a pas franchement crevé l'écran. Elle prend très mal d'être écartée, une première fois, du casting, alors qu'elle est persuadée que le rôle de Chouchou lui ira comme un gant. Têtue comme une bonne protestante des Cévennes, elle s'obstine et finit par arracher de haute lutte la partie. Sa taille, 1,70 mètre, l'y a beaucoup aidée. Elle établit une égalité de façade entre les deux personnages. Les autres candidates pressenties pour le rôle étaient toutes plus petites. Son futur partenaire n'a pas eu son mot à dire même si, d'emblée, il partage une grande complicité avec Alexandra Lamy.

Isabelle Camus et Hélène Jacques n'ont qu'à se féliciter de leur choix. Du 11 octobre 1999 au 16 octobre 2003, la série va attirer, à 19 h 50, du lundi au vendredi, une moyenne de 5 millions de téléspectateurs. Elle s'arrêtera non pas faute de public mais parce que les deux principaux interprètes, désormais compagnons à la ville comme sur les planches, ont choisi de se donner de nouveaux défis. C'est un réel succès au point qu'*Un gars, une fille* sera décliné dans une vingtaine de pays, du Mexique au

Liban en passant par l'Algérie, Israël et la Pologne, chaque version l'adaptant à la culture locale. C'est toutefois le modèle français qui sert de référence et non le modèle canadien, tant en ce qui concerne la durée des épisodes que leur esprit. Le premier privilégie plutôt l'affrontement entre Loulou et Chouchou, Jean et Alexandra, alors que le second donnait à voir un Guy et Sylvie plus portés sur la complicité et la conciliation.

La réussite de la série doit beaucoup au jeu des acteurs. Jean Dujardin se moule très rapidement dans la peau de son personnage de trentenaire macho, forçant parfois le trait et utilisant aussi, comme un clin d'œil en direction de ses fans, la gestuelle de Brice de Nice, assénant à Chouchou un « Je t'ai cassé » quand il lui cloue le bec dans certaines scènes.

Le fait qu'ils aient chacun une vie personnelle est soigneusement exploité. Cela donne du piquant à leurs rôles. Avec, en arrière-plan, l'idée implicitement suggérée qu'une complicité professionnelle aussi grande ne pourra que déboucher sur l'une de ces histoires d'amour dont la presse « people » raffole tant. De fait, lorsqu'ils franchiront ce Rubicon sentimental en 2003, les gazettes spécialisées se déchaîneront et consacreront à cet événement une place considérable.

Leurs qualités personnelles ne suffisent pas à expliquer l'audience obtenue par *Un gars, une fille*. En quelques mois, la série s'impose comme un rendez-vous obligé et le sujet d'interminables discussions au bureau ou à la cafétéria. Pour une simple raison : c'est une excellente photographie, bien que très partielle – on y reviendra –, de la société française de l'époque et d'une certaine tranche d'âge, les trentenaires, qui, en termes de cibles des publicitaires, ont remplacé la fameuse « ménagère de cinquante ans ». Loulou et Chouchou ne sont rien d'autre qu'un vaste miroir dans lequel toute une génération volontiers narcissique se contemple.

Les personnages ont été choisis avec soin et répondent à des critères très précis. Ce sont d'abord des citadins comme l'immense majorité des Français depuis que les campagnes se sont vidées de leurs habitants. Des citadins sans réelles racines. Impossible de dire s'ils sont méridionaux, chtis, bordelais, lorrains, alsaciens ou normands. Ils sont tout simplement des Français moyens, dont les références et les horizons se limitent à la ville et qui ne font que de rares et rapides incursions dans ses environs, incursions tournant généralement à la catastrophe, soit qu'ils perdent leur chemin, source d'interminables conflits entre le chauffeur et la passagère, soit qu'ils découvrent l'inconfort des demeures rurales ou les pièges que leur tend la nature.

Ce sont des citadins sans qu'on puisse identifier avec précision leur ville. Certes, tout laisse supposer qu'ils vivent à Paris ou en Île-de-France comme plus d'un cinquième des Français. Mais on peut les imaginer tout aussi bien habitant à Lille, Lyon, Bordeaux, Marseille, Lyon ou Rennes, ces métropoles provinciales qui se sont progressivement alignées sur les mœurs de la capitale et en reproduisent le mode de vie. Jean Dujardin se garde bien d'accentuer le côté titi parisien que certains lui prêtent déjà.

Loulou et Chouchou sont également tout autant banlieusards, du moins installés dans une banlieue résidentielle, qu'habitants du centre-ville ou, plus exactement, des anciens quartiers populaires des villes, ceux que colonisent désormais les bobos, ces bourgeois bohèmes dont on commence à parler en ce début des années 2000, dont François d'Épenoux tracera un cruel portrait : « Ce sont quelques poignées de vrais bourgeois mais faux bohèmes, connus ou inconnus, fricotant dans la pub, la presse, la musique ou le cinéma, bref, dans des métiers bien, qui prônent leurs idées et prêchent leurs discours avec d'autant plus de légèreté mondaine qu'ils n'en subiront jamais les conséquences, planqués qu'ils sont dans leurs donjons bardés de digicodes [1]. »

Cette description s'applique aussi bien aux XI$^{e}$ et XIX$^{e}$ arrondissements de Paris qu'au Panier de Marseille, à la Croix-Rousse à Lyon, voire à Saint-Mandé, aux Lilas ou aux quartiers pavillonnaires de Nanterre ou de Montreuil. Les personnages d'*Un gars, une fille* sont transposables dans tous les centres urbains de l'hexagone, ils ne sont point nécessairement synonymes de Parisiens ou de parisianisme comme l'étaient assurément les personnages des *Frustrés* de Claire Bretécher, une bande dessinée datant de 1978.

Ce serait gravement se tromper que de voir d'ailleurs dans Jean et Alexandra des bobos, en dépit de certaines apparences. Une telle identification aurait été singulièrement restrictive et aurait fait de la série une sorte de pamphlet télévisuel, une charge idéologiquement et politiquement connotée, bref, tout le contraire de ce qu'elle est, ce qui aurait nui à son succès.

Loulou et Chouchou ne sont pas assez « friqués » pour appartenir à ce groupe très critiqué. Ils sont à l'aise, sans plus, très

---

1. Cf. François d'Épenoux, *Les Bobos me font mal*, Anne Carrière, Paris, 2003, pp. 11-12.

représentatifs de ces classes moyennes qui n'appartiennent plus au monde ouvrier et pas encore à la bourgeoisie traditionnelle. Jean est le patron d'une petite société de multimédias et de publicité dont les affaires sont plutôt prospères. Il pourrait tout aussi bien être graphiste, cadre commercial, professeur ou fonctionnaire de catégorie A dans l'administration nationale ou territoriale. Alexandra, elle, est secrétaire, passant plus de temps au téléphone qu'à taper sur son ordinateur ou à arranger les rendez-vous de son patron. L'important est qu'elle n'est pas femme au foyer. Elle travaille, ce qui lui garantit une certaine autonomie. Des dizaines de milliers de personnes peuvent se reconnaître dans ce couple tout comme dans l'agencement de son cadre de vie avec la cuisine comme pièce de vie principale, une cuisine équipée qu'on croirait tout droit sortie d'un catalogue Ikea.

Ils vivent en couple mais rien ne dit clairement qu'ils soient mariés ou qu'ils aient profité de la récente création du Pacs pour donner à leur union une forme de consistance plus officielle que le simple concubinage. En ce sens, ils sont très représentatifs d'une bonne partie de leur génération pour laquelle la vie de couple n'est pas obligatoirement sanctionnée par le passage à la mairie, puis chez le curé, le pasteur, le rabbin ou l'iman.

Cela n'a aucune incidence sur les sentiments qu'ils se portent mais qu'ils ont du mal à exprimer autrement que de manière conflictuelle. Bourru et macho, Jean n'a pas son pareil pour susciter la jalousie de sa partenaire, d'autant qu'il a commis jadis l'irréparable en la trompant avec sa secrétaire, Isabelle, « le 2 mai 1994 au Havre », alors que le temps était nuageux, ce qui constitue une circonstance aggravante. Comme tous les hommes, il adore sa mère et déteste sa belle-mère, créature maléfique qui s'obstine à s'ingérer dans la vie de son couple et à parfois s'installer, sous de faux prétextes, dans son intérieur. Alexandra, elle, est très soucieuse de son aspect extérieur, capable de passer des heures à se maquiller ou à courir les boutiques, de surcroît maladivement bavarde, très soupe au lait et, pire, maniaque de la propreté, du rangement et des tâches ménagères, faisant vivre sous cet aspect un véritable enfer à son conjoint, naturellement désordonné et ignorant des mystérieuses règles qui régissent l'agencement de sa maison.

Bien entendu, il est sportif, en ce sens qu'à défaut de pratiquer régulièrement un quelconque sport, hormis le ski lors des vacances d'hiver, il est grand amateur de soirées avec ses potes devant un poste de télévision, bière à la main, à contempler l'évolution sur le terrain de leur équipe de foot favorite dont ils connaissent les défauts et les qualités. Accessoirement, il aime à se retrouver avec eux pour se « murger », non au bistrot ou bar-tabac du coin, mais dans l'un de ces nouveaux troquets qui ont poussé comme des champignons dans les centres-villes et dont la rue Oberkampf à Paris offrait au début des années 2000 un échantillon saisissant.

Les deux ont le sens de la famille et des amis. Ils ne ratent ni un mariage ni une fête, vouent une touchante et inexplicable affection à leurs compagnons d'antan. Jean adore Jean-Mi, son copain, pourtant très limité sur le plan intellectuel et un tantinet parasite. De même, Alexandra ne saurait se passer de Jeannette, sa meilleure copine, à laquelle elle téléphone plusieurs fois par jour. Elle l'apprécie en dépit de son riche et hâbleur compagnon, Roger, un parfait salaud qui la laissera tomber pour les beaux yeux d'une Scandinave de 20 ans. Contrairement à Jean et Alexandra, eux sont de vrais « nouveaux riches », qui exhibent leur fortune mais qui savent se montrer également généreux en invitant Loulou et Chouchou à la neige ou à la mer, leur permettant de s'offrir des vacances auxquelles ils n'auraient pas naturellement songé.

Comme rien ne saurait être parfait, ils sont parfois confrontés à des drames ou à des ersatz de tragédies. Jean doit ainsi composer avec son père, Raymond, coureur impénitent, divorcé de sa mère, qui trouve le moyen de mettre enceinte sa petite copine, Mélanie, quelques mois à peine après leur rencontre. Quant à Alexandra, outre le réconfort qu'elle prodigue à Jeannette, trompée et abandonnée, elle doit parfois faire des choix existentiels, porter telle robe ou telle autre, et se ronger les sangs en imaginant son Loulou cerné par des nuées de créatures lascives et prêt à retomber dans les ignobles travers des hommes.

Détail important : ils n'ont pas d'enfant même s'ils n'excluent pas d'en avoir un, laissant toutefois suspendue au-dessus de leur tête cette épée de Damoclès qui pourrait bien signifier la fin de leurs années d'insouciance. Un Michel Debré n'aurait pas manqué de dénoncer le caractère antinational de cette sitcom où l'on bafoue allègrement les impératifs de la natalité, pierre de touche de toute société qui se respecte.

C'est en fonction des caractéristiques de ses deux principaux personnages que la série va se décliner en cinq saisons totalisant 486 épisodes qui sortiront par la suite en DVD, avec une version intégrale et une version best of, avant d'être rediffusés par France 4, Teva et M6 à la fin des années 2010. Le succès, on l'a dit, est phénoménal. Chacun peut s'identifier, d'une manière ou d'une autre, à Loulou ou à Chouchou. Pour les hommes, il va de soi que Jean leur ressemble même s'ils apprécient de pouvoir prendre leurs distances avec cet incorrigible macho, celui qu'ils ne sont pas dans la réalité comme ils tentent, parfois sans succès, de s'en persuader et d'en persuader leur entourage. Les femmes, elles, sont sensibles au personnage de Jean, séducteur-né, mais aussi à celui d'Alexandra dont elles peuvent également se dissocier habilement. La série joue tout autant sur l'identification que la dissociation, elle est aussi bien un reflet fidèle de la réalité qu'une sorte de négation de celle-ci, un formidable alibi dont les uns et les autres peuvent se prévaloir pour s'auto-justifier. C'est diaboliquement malin et remarquablement efficace. *Un gars, une fille* est un miroir mais un miroir déformant et salvateur qui permet de se sortir à son avantage de certains pièges de la vie quotidienne.

La série a toutefois d'indéniables défauts et présente d'étonnantes lacunes. Celui qui la regardera dans vingt ou cinquante ans n'y trouvera sans doute qu'une photographie assez mièvre et très conventionnelle de la société française des années 1999-2003. Elle fait l'impasse la plus totale sur certains phénomènes et tendances lourdes. À la regarder, bien difficile d'imaginer que la France compte alors plusieurs centaines de milliers de chômeurs et d'exclus de tout genre. Les deux héros ont un travail et ne connaissent pas de difficultés financières particulières. C'est une vision très riante de la réalité, une sorte de *Jours de France*[1] télévisuel.

On aura peine à croire qu'elle a été tournée et diffusée à un moment où la France traversait une période d'effervescence politique marquée par l'affrontement entre la droite et la gauche, à l'issue de la cohabitation, et par l'élimination surprise de Lionel Jospin lors du premier tour de la présidentielle au profit de Jean-Marie Le Pen, le leader du Front national. Cela ne transparaît nulle part. Politiquement parlant, Loulou et Chouchou sont neutres. Ils peuvent être aussi bien de gauche que de droite, c'est à chacun de choisir selon ses propres inclinations personnelles. Signe des temps, le mode de vie n'est pas forcément synonyme d'un choix politique. Le couple ne se prend pas la tête à propos de l'actualité, nationale ou internationale, ce qui n'est pas le cas dans la réalité. On a tout simplement gommé cet aspect-là

1. L'hebdomadaire fondé par Marcel Dassault en 1958.

par souci de consensus et désir de ratisser large dans toutes les couches de la population française.

Toutes les couches ou presque. Car cette France-là est une France d'où la diversité est quasiment bannie. C'est une France blanche, on n'ose pas dire chrétienne puisque les deux héros sont sans religion affichée et s'abstiennent de toute référence, même simplement culturelle, à une quelconque foi, signe de la profonde laïcisation des esprits. Il n'en demeure pas moins qu'ils sont des Français de souche, très « normaux ». Que certains aient une couleur de peau différente de la leur ou des origines situées ailleurs que dans l'hexagone n'affleure à aucun moment. Tout au plus voit-on Djamel Bouras faire une brève apparition dans la cinquième et dernière saison, plus en raison de sa discipline sportive que de ses origines. Loulou et Chouchou se rendent également en Guadeloupe, à l'invitation de Roger et Jeannette. C'est une simple carte postale qui n'implique aucune prise en compte de la réalité ultramarine. Nul ne paraît s'en être autrement formalisé ni plaint. Ce ne serait peut-être plus le cas aujourd'hui.

Pour Jean Dujardin et Alexandra Lamy, *Un gars, une fille* est une formidable école. Le rythme des tournages est prenant et ils font également l'apprentissage, pas toujours aisé, des relations avec les journalistes même si, pour l'heure, c'est essentiellement la presse télé qui s'intéresse à eux. Ils ont les honneurs à plusieurs reprises de la couverture de différents hebdomadaires spécialisés, fonctionnant le plus souvent dans le registre de l'auto-congratulation et de la mutuelle admiration, écartant les questions d'ordre plus intime. Ils accèdent à la notoriété, on les reconnaît dans la rue, on leur fait des petits signes amicaux.

La médaille a son revers. Ils risquent fort de se laisser enfermer dans le rôle d'amuseurs publics, de vedettes du 19 h 50, une situation qui peut largement plomber leur carrière future. Certains ne se sont jamais relevés d'une telle exposition publique. La profession d'ailleurs les catalogue vite et ce n'est pas à leur avantage, loin de là. Les propositions sont rares, très rares, et ne se déclinent pas. C'est leur seule possibilité d'échapper à la série, de ne pas être absorbés par elle. Ils ne font pas les délicats. Ils tournent tous deux en 2002 dans *À l'abri des regards indiscrets*, un court-métrage (vingt-deux minutes) de Hugo Gélin et Ruben Alves, une série de sketchs sur la fameuse journée du passage du franc à l'euro vue depuis la caméra de surveillance d'un distributeur de billets. La distribution comprend, entre autres,

Jean-Pierre Cassel, François Morel, Didier Bourdon, Zabou Breitman, Isabelle Nanty, beaucoup plus connus qu'eux.

Toujours en 2002, Jean Dujardin décroche un petit rôle, celui d'un vendeur de chaussures Weston dans *Ah ! si j'étais riche* de Gérard Bitton et Michel Munz. Ce n'est pas un chef-d'œuvre. Son rôle ne nécessite qu'un jour de présence sur les plateaux, mais c'est une véritable aubaine pour lui. Car il est remarqué par le producteur du film, Charles Gassot, un nom qui compte dans le milieu du cinéma français. Jean Dujardin s'en souvient : « Je sentais qu'il m'observait. À la fin, nous nous sommes dits au revoir, mais un au revoir qui n'était pas un adieu. Trois jours plus tard, j'ai reçu un coup de téléphone de Francis [1] qui me disait qu'il voulait me rencontrer. Nous avons discuté deux heures. Il était tellement passionné que j'ai eu envie de faire partie de l'aventure [2]. »

L'aventure, c'est *Bienvenue chez les Rozes*, gros succès de l'année 2003, l'histoire de deux évadés de prison (Lorànt Deutsch et Jean Dujardin) qui se réfugient chez les Rozes (André Wilms et Carole Bouquet), deux

1. Francis Palluau.
2. Cf. www.allocine.fr/film/fichefilm-46547/secrets-tournage

petits-bourgeois psychopathes homicides. Jean Dujardin campe le rôle de MG, un brave garçon qui rêve de se retirer dans la maison de son grand-père et que sa naïveté a conduit derrière les barreaux. C'est son premier rôle important au cinéma et il fait forte impression auprès de ses partenaires. Des années plus tard, Carole Bouquet, qu'on sait avare de compliments, affirmera qu'elle a tout de suite remarqué son talent et son aisance. Lorànt Deutsch n'est pas en reste : « J'ai rarement sympathisé autant avec un comédien, même s'il est rare que je ne m'entende pas avec mes partenaires. Jean n'a pas de zone d'ombre, il ne se prend pas la tête avec son image. C'est un modèle de sérénité. Il donne l'impression d'être très fort. Cette rencontre fut une bonne surprise. C'était très important pour le rôle. Notre entente a considérablement facilité le travail[1]. »

Cela lui vaut son premier succès. De quoi faire oublier l'échec de deux autres films dans lesquels il tenait de petits rôles, *Toutes les filles sont folles* de Pascale Pouzadoux et, surtout, le très médiocre *Les Clefs de bagnole* de son ancien patron de Farce Attaque, Laurent Baffie, qui a pourtant fait appel à une distribution prestigieuse (Gérard Depardieu, Alain Chabat,

1. *Ibid.*

Jean-Marie Bigard, Michel Galabru, etc.). Il y tient son propre rôle, celui d'un Jean Dujardin refusant, comme des tas d'autres vedettes, de tourner le scénario que Laurent Baffie lui propose. Celui-ci a vu juste en choisissant pour slogan publicitaire de son film « N'y allez pas, c'est une merde. » Le public suit la consigne...

Alexandra Lamy est moins sollicitée. Outre *À l'abri des regards indiscrets*, elle se contente de brèves apparitions dans *Visite guidée*, *Rien que du bonheur* et *Livraison à domicile*. Rien de marquant.

Reste que l'un et l'autre peuvent désormais songer à d'autres horizons tant privés que professionnels. C'est, aux dires de Jean Dujardin, une question de survie : « Il y a des moments où il faut pouvoir se barrer et passer à travers [1]. » Lui et Alexandra déclinent le pont d'or que leur propose France 2 pour tourner une nouvelle saison et peut-être une autre : « Il faut partir quand il fait beau [2]. » Or il fait très beau pour eux. S'ils terminent leur duo à la télévision à l'automne 2003, ils le poursuivent à la ville, loin des regards indiscrets, dans un

1. Cf. Christophe Chadefaud et Thierry Cheze, « Jean Dujardin. L'espion qui mimait », *Studio Ciné Live*, n° 3, pp. 56-63, p. 62.

2. *Ibid.*

appartement du quartier de la Bastille où ils prendront vite leurs marques. Comme le titre un hebdomadaire télé de l'époque, « Loulou/ Chouchou, c'est fini ! ». Mais Dujardin est sur le point d'éclore. Le cinéma lui tend les bras.

# 4

# Pour le meilleur et pour le pire

S'il n'avait pas eu une solide confiance dans sa bonne étoile, Jean Dujardin, en tirant le bilan des années 2004-2005, aurait sans doute amèrement regretté d'avoir abandonné *Un gars, une fille*, pour tenter sa chance au cinéma, un univers impitoyable où chacun s'observe et s'épie, se félicitant parfois des échecs de potentiels rivaux ou de jeunes loups aux dents trop longues. Pour beaucoup, il n'est qu'un comique de second plan, incapable de se débarrasser du personnage de Loulou qui lui colle à la peau...

Il a beau tenté de démontrer le contraire, la presse n'est pas tendre avec lui et les films où il figure sont régulièrement brocardés par les critiques. Il reçoit sa part de flèches empoisonnées. On ne lui passe rien, surtout pas ses incursions dans des rôles à contre-emploi de ceux qu'il a tenus jusque-là. C'est à croire qu'une sorte de malédiction s'attache à lui et qu'il porte la « scoumoune » aux réalisateurs qui le font travailler.

Il en souffre d'autant plus qu'il se comporte plutôt bien avec les journalistes. Certes, il ne leur confie que le strict nécessaire, écartant quasi systématiquement les questions sur sa vie privée. Il est toutefois constamment disponible, nullement inaccessible. C'est un être profondément sociable. Il a besoin d'aimer comme d'être aimé. Il aime les réunions avec ses amis, sa famille, les dîners qui s'éternisent, les longs week-ends. À condition qu'il y ait de l'animation et de l'entrain. Tout doit être spontané, naturel... Il déteste en revanche ce qui l'est moins ou ce qui paraît être un exercice forcé. Il est ainsi absolument rétif aux jeux de société.

Les mauvaises critiques lui font du mal, surtout quand elles procèdent d'une hostilité à peine déguisée envers sa personne. Il serait, disent certains, plutôt soupe au lait, affirmation démentie par d'autres qui insistent plutôt sur son côté zen. On ne l'a jamais vu s'en prendre à un journaliste. Tout au plus refuse-t-il de se mettre en frais pour ceux qui l'ont, à tort, égratigné. C'est un lecteur attentif de tout ce qui se dit sur lui. Il est toujours aux aguets, a constamment peur d'être pris en faute, de ne pas en avoir fait assez ou de ne pas avoir su clairement expliciter ce qu'il recherchait. Non qu'il cultive une certaine propension à l'autodépréciation. Tout simplement, le sens aigu qu'il a de son métier l'incite à ne négliger aucune suggestion. Certains critiques, notamment Pierre Vavasseur du *Parisien*, lui ont fait prendre conscience des multiples facettes de son talent et de son aptitude à incarner des personnages graves. Il est conscient qu'on attend de lui qu'il réponde à ce défi et qu'il surprenne son public.

C'est ce qui se passe lors de la sortie, le 14 avril 2004, sur les écrans du *Convoyeur*, un polar sombre de Nicolas Boukhrief. Pour la seconde fois, son nom figure en bonne position sur les affiches, aux côtés de ceux d'Albert Dupontel et de François Berléand. C'est une belle promotion car ces deux-là ont derrière eux quelques succès appréciables. Ce n'est pas rien que d'avoir le privilège de jouer avec eux et de grappiller quelques éloges.

Dujardin interprète Jacques, employé dans une entreprise de transports de fonds, La Vigilante, cible ces derniers mois de braquages à répétition et sur le point d'être rachetée par une société américaine avec, en arrière-plan, la menace de licenciements. Nicolas Boukhrief s'est inspiré de la réalité de l'époque. En ces années-là, l'entreprise fait son apparition dans le cinéma français, peu sensible jusque-là au monde du travail. Boukhrief l'admet volontiers : « Une entreprise est une micro-société ; d'ailleurs, la plupart des gens sont plus impliqués dans la vie de leur entreprise que dans leur propre vie. » Il aurait pu choisir pour cadre de son long-métrage l'univers feutré et impitoyable de la banque, avec sa hiérarchie, ses rivalités, ses exigences et ses failles. Il préfère s'intéresser, avec son coscénariste Éric Besnard, au monde du convoyage de fonds parce que le danger y est omniprésent.

La multiplication des cartes bancaires et des distributeurs automatiques de billets a modifié le monde de la banque. L'argent destiné à leurs guichets est désormais convoyé par des sociétés spécialisées en transferts de fonds. Elles se livrent entre elles à une concurrence féroce et ont recours à un personnel sous-qualifié et sous-payé, constamment sous pression. Le métier n'est guère gratifiant. Comme le dit Jacques, le personnage joué par Jean Dujardin : « Vigile, il n'y a rien de pire, tu t'emmerdes en attendant de te faire plomber. »

Car la circulation de ces tirelires à quatre roues que sont les véhicules blindés a conduit le milieu à réorienter ses méthodes d'action. Il est bien loin le temps où des gangs montaient des opérations complexes pour pénétrer, depuis les caves d'un immeuble voisin, dans la salle des coffres et en dévaliser le contenu. Désormais, on attaque les fourgonnettes au bâton de dynamite, à la grenade ou au bazooka.

La presse s'est fait l'écho à plusieurs reprises de ce phénomène, le cinéma ne s'y est pas encore intéressé et c'est une lacune que Nicolas Boukhrief veut combler : « Il n'y avait jamais eu de film sur les convoyeurs de fonds, alors que ce sont des ouvriers qui, pour un salaire de misère, transportent des millions ! Ils ont un flingue, ce sont de vrais personnages de romans policiers. Le côté inédit du sujet des convoyeurs apporte son énergie propre, notamment parce que le caractère du film tient autant du film social que du film noir[1]. »

Nicolas Boukhrief ne fait pas réellement de casting. Il sait avec qui il veut tourner cette chronique glauque. Il connaît depuis une dizaine d'années Albert Dupontel et celui-ci lui voue une grande admiration car le réalisateur a été l'un des fondateurs de *Starfix*, une revue de cinéma dont il était un lecteur assidu. À deux reprises, il a dû décliner une proposition de Nicolas Boukhrief et c'est là une occasion

1. Cf. http://www.allocine.fr/film/fichefilm-49521/secrets-tournage

de payer la dette dont il s'estime redevable à son égard. Le coscénariste Éric Besnard lui a longuement vanté les mérites de François Berléand qui a tourné dans son film, *Le Sourire du clown*. C'est l'un des meilleurs seconds rôles du cinéma français, un acteur très demandé, très à l'aise dans les rôles de personnage cynique ou désabusé.

Quant à Jean Dujardin, il bénéficie indirectement de *Un gars, une fille*. La fille de Nicolas Boukhrief était accro à la série et c'est elle qui a fait découvrir à son père Loulou. Il a vite flairé son potentiel et considère qu'il peut incarner non plus le patron d'une petite société de multimédias, mais un prolo auquel les sacs de billets qu'il transporte quotidiennement ouvrent certains horizons. Dujardin lit le scénario et accepte très rapidement. C'est une offre qu'il ne peut refuser. C'est l'occasion pour lui de lier plus amplement connaissance avec Éric Besnard. Les deux hommes s'apprécient. Ils évoquent l'éventualité d'une future collaboration. Il n'y a rien de précis ni d'acté. Jean Dujardin a tout simplement inscrit un nouveau nom et un nouveau numéro de téléphone dans son carnet. Il ne prendra pas l'initiative d'appeler lui-même mais ne refusera pas de décrocher quand l'autre le fera. En fait, ce grand timide veut être désiré.

Le tournage se déroule dans une atmosphère chaleureuse. Il est vrai que Nicolas Boukhrief a pris soin de souder au préalable ses acteurs en leur permettant de faire connaissance loin des plateaux : « C'est important de ne pas avoir de faire-valoir, mais de créer une communauté humaine. À partir du moment où j'avais écrit pour des acteurs et où j'étais allé les chercher, j'aurais trouvé assez malsain qu'il y ait une hiérarchie entre eux. D'ailleurs, pour renforcer l'esprit de groupe, ils sont tous allés faire un stage de karaté d'une semaine ensemble, stage auquel ni moi ni Dupontel n'avons participé. Connus, pas connus, jeunes, moins jeunes, ils se sont tous retrouvés en kimono, dans un dojo, ou à poil dans les vestiaires et ça les a "égalisés". Ils se sont habitués à vivre ensemble en communauté. Chacun avait trouvé sa place dans le groupe et le groupe un certain équilibre [1]. »

Le tournage est l'occasion pour Jean Dujardin de lier connaissance avec François Berléand. Il ignore encore qu'ils se retrouveront sur d'autres films. Berléand a repéré ce nouveau venu dont il a entendu parler par Guillaume Canet qui l'a fait tourner dans *Mon idole*, permettant à Berléand de décrocher

1. Cf. http://www.comme-aucinema.com/notes-de-prod/le-convoyeur.1325-note-1890

le césar du meilleur acteur dans un second rôle. Dans le film, ils ont maille à partir l'un l'autre mais on sent bien qu'ils s'apprécient.

Le film est un succès d'estime. Il fait 465 616 entrées en France. C'est honnête, sans plus. Les Américains le remarquent au point que la Paramount achète les droits pour en faire un remake, *Armoured*, dont l'écriture du scénario est confiée à Andrew Kevin Walker (*Se7en*). Celui-ci abandonnera le projet qui sera repris par un autre en 2009. Il est significatif en tous les cas que Hollywood se soit intéressé au *Convoyeur*.

La presse est partagée. *L'Humanité*, sous la plume de Vincent Ostria, parle d'« esbroufe » ou de « caricature à la Audiard », ce qui n'est pas un compliment sous la plume du journaliste. *Première, Le Monde*, *Libération* et *Le Nouvel Observateur* saluent le jeu des acteurs, en tous les cas celui d'Albert Dupontel et de François Berléand. Jean Dujardin a droit à un entrefilet très flatteur de Pierre Vavasseur dans *Le Parisien*, l'occasion pour lui de faire preuve d'une grande modestie et d'une lucidité de bon aloi. Quand son interlocuteur lui parle de Cannes ou des césars, il réagit au quart de tour : « C'est rêver de ce métier pour de mauvaises raisons. Je veux rester comme avant, garder la même naïveté qu'au début. J'ai une grosse religieuse au chocolat devant moi, alors je la mange doucement[1]. »

C'est du Dujardin tout craché. Il n'en revient pas qu'on puisse l'aimer et l'apprécier ou deviner ses formidables potentialités. Surtout, il ne veut rien brusquer. Il n'est pas du genre à dévorer sa vie et à brûler les étapes. C'est un précautionneux. Il aime prendre son temps, se donner de longues marges. Il déteste l'emballement, il préfère miser sur la durée. Il sait que bien d'autres jeunes espoirs du cinéma français avant lui ont disparu tout aussi rapidement qu'ils étaient montés au firmament.

Dans *Le Point*, François-Guillaume Lorrain est encore plus enthousiaste : « Comment, après avoir été trois ans "un gars" pour la télé, devenir un monsieur au ciné ? C'est le pari qu'est en train de réussir l'ex-beau macho et pince-sans-rire d'*Un gars, une fille*, tête d'affiche du *Convoyeur* et de *Mariages !*, les deux films français les plus réussis de ce mois d'avril. Il n'aura fallu que deux ans pour que cet humoriste de 32 ans, lancé par l'émission Graines de stars sur M6, puis révélé à 19 h 45 par France 2 démontre qu'il a les épaules assez larges pour donner la réplique à Albert Dupontel, François

1. Cf. Pierre Vavasseur, « Jean Dujardin : ne l'appelez plus Loulou », *Le Parisien*, 14 avril 2004.

Berléand ou Mathilde Seigner. Après quelques troisièmes rôles, il a convaincu Nicolas Boukhrief et Valérie Guignabodet de lui confier de vrais personnages. Deux rôles aux antipodes, l'un relevant du film noir, l'autre de la comédie de mœurs, où l'ex-partenaire d'Alexandra Lamy démontre qu'il sait choisir ses projets et s'est mis au travail. À suivre [1]. »

En effet, une semaine après la sortie du *Convoyeur*, Jean Dujardin est à l'affiche de *Mariages !*, un film de la réalisatrice canadienne Valérie Guignabodet qui s'est fait connaître en 2002 avec *Monique* où jouait Albert Dupontel. Cette fois, Jean Dujardin campe le rôle d'Alex, témoin de mariage de son ami Benjamin (Alexis Loret) le jour de ses noces avec Johanna (Chloé Lambert) et compagnon d'enterrement de sa vie de garçon. Ce n'est pas le mieux choisi car le couple formé par Alex et Valentine (Mathilde Seigner) se délite publiquement tout comme, à degrés divers, ceux des parents des mariés (Miou-Miou et Didier Bezace, Lio et Antoine Duléry).

Valérie Guignabodet a repéré Jean Dujardin à la télévision. À ses yeux, il est déjà la grande star masculine des prochaines années. Aussi se

---

1. Cf. François-Guillaume Lorrain : « Portrait : Jean Dujardin », *Le Point*, 22 avril 2004.

réjouit-elle de le voir accepter en vingt-quatre heures le rôle tout comme Mathilde Seigner.

Le film est un véritable succès avec 2 008 411 entrées en salle. La presse, elle, hormis Pierre Vavasseur du *Parisien* et François-Guillaume Lorrain du *Point*, est plus réservée. *Le Monde* parle de « comédie inspirée avec la trop rare Miou-Miou », *Première* de « dialogues bien ciselés et de personnages solidement campés ». *L'Humanité*, sous la plume de Vincent Ostria, fustige une « version édulcorée, émaillée de faux aphorismes, de *Festen* de Thomas Vinterberg » tandis que avoir-alire.com note que « l'ensemble des acteurs ont déployé tout leur talent pour pimenter un scénario faiblard ». « Hormis Jean Dujardin qui a, semble-t-il, oublié qu'il ne jouait pas un énième épisode de la série *Un gars, une fille.* »

« T'es cassé ! » dirait Brice de Nice. Le voilà, au faîte du succès, renvoyé à son péché originel, celui de n'être qu'un vulgaire amuseur public. Il aggrave son cas avec sa participation au film de Philippe Haïm, *Les Dalton*, sorti sur les écrans le 8 décembre 2004. C'est une adaptation ratée de la célèbre bande dessinée de René Goscinny et de Morris, encore pire que le *Lucky Luke* de Terence Hill en 1991, ce qui est tout dire. Jean Dujardin y tient le rôle d'un cow-boy vanneur. Il l'a accepté par amitié pour Éric et

Ramzy, deux des Dalton, les têtes d'affiche du film, dont il apprécie le travail. Le film, conçu pour les fêtes de fin d'année, peine à se maintenir en salle. On passe de 704 758 entrées la première semaine à 93 000 trois semaines après. La critique, quand elle condescend à évoquer ce navet, est incendiaire. Dans *Les Inrockuptibles*, Vincent Ostria résume l'opinion générale : « Tagada, tagada, il n'y a plus personne. »

Jean Dujardin n'a qu'un petit rôle, c'est sa chance. Le tournage lui permet de faire deux rencontres d'inégale importance. La première est celle de Michel Muller, qui l'invitera à jouer son propre rôle dans *La Vie de Michel Muller est plus belle que la vôtre* (2005), justement oubliée[1]. La seconde, c'est celle d'un des coscénaristes du film, un certain Michel Hazanavicius… Ils se croisent, sans plus. Le déclic entre eux ne viendra que plus tard.

Le bilan de ces années 2003-2004 est plutôt nuancé. Il s'est fait remarquer et a obtenu quelques succès. Sans toutefois obtenir la reconnaissance de la critique et de la profession. Il n'est que l'un de ces jeunes seconds rôles dont le cinéma français fait une consommation

1. Il tient également un rôle de pilote instructeur dans un court-métrage de Renaud Philipps, *Rien de grave*, titre judicieux.

effrénée. Il peine à se débarrasser de son personnage de Loulou. Il lui faudrait réellement surprendre pour s'imposer. Il va choisir la voie la plus contraire, en apparence, à ses intérêts.

⁂

Jean Dujardin décide de ressusciter le personnage de Brice de Nice, créé en 1995, à l'époque des Nous Ç Nous. On l'a dit : il s'est inspiré d'un de ces condisciples de terminale qui n'était pas sans l'horripiler. S'il en a fait un surfeur au cinéma, c'est qu'il a pu observer de près, durant son enfance et son adolescence, ces sportifs qui aiment à se laisser porter par les vagues et qui n'hésitent pas à amplifier leurs prouesses. La famille de Jean Dujardin est originaire du Sud-Ouest, plus précisément du Médoc, entre Lesparre, Civrac, Jau-Dignac ou Vendays-Montalivet[1]. L'un de ses cousins possède un domaine viticole à Civrac. Il a passé de longues vacances à Lacanau et à Hossegor, a côtoyé les surfeurs, notamment les « surfeurs de boîtes de nuit », ceux qui préféraient frimer

1. Cf. Marie Le Guillou, « Jean Dujardin, Du Médoc à Hollywood », *Sud-Ouest*, 24 février 2012. Selon la journaliste, Jean Dujardin aurait caressé le projet de tourner un western français dans le Médoc : « Cela ne peut s'envisager nulle part ailleurs mieux qu'ici. »

plutôt que d'aller à l'eau. Il s'est servi d'eux même s'il a, dans les premiers temps, lors des sketchs des Nous Ç Nous, fait de Brice de Nice un skater, adepte d'un sport plus démocratique.

L'idée a fait mouche. Ses sketchs ont largement été diffusés sur Internet et lui ont valu une petite notoriété. Il veut passer à un stade supérieur. Il voit dans son projet de film une occasion propice de se moquer gentiment d'un certain cinéma français. Celui-ci privilégie alors les personnages de trentenaires mal dans leur peau, en pleine crise professionnelle ou sentimentale, qui s'interrogent gravement sur le sens à donner à leur vie et qui succombent à une sorte de morose déréliction.

Lui, c'est tout le contraire qu'il veut faire : mettre en scène un personnage à la fois flamboyant et candide, poursuivant un rêve impossible, totalement déphasé par rapport à la réalité, une sorte d'enfant attardé profondément touchant, en dépit de ses multiples défauts.

Les sketchs ont dessiné les principales caractéristiques du personnage : sa chevelure blonde, synonyme de candeur mais aussi d'inauthenticité, sa fausse dent de requin autour du cou, son tee-shirt jaune fluo avec le logo Nike imprimé à l'envers – idée que lui a soufflée l'un de ses copains, étudiant aux Beaux-arts –, ses phrases cultes et son goût des joutes verbales dont il sort invariablement vainqueur. L'essentiel est là, il ne reste plus qu'à allonger la sauce et à faire monter la mayonnaise.

Pour la réalisation, Jean Dujardin fait appel à James Huth, qui a été remarqué en 1998 pour *Serial Lover*. Sa carrière est alors à l'arrêt. Depuis 2000, il tente vainement de tourner une adaptation de *La marque jaune* de Blake et Mortimer. Quatre années de pré-production sans que le projet n'aboutisse, faute de trouver une oreille complaisante auprès des banques. Dès leurs premières séances de travail, Jean Dujardin sait que James Huth est le réalisateur qu'il lui faut. Il apprécie son imagination débridée : « Il aime décaler ce qui est déjà décalé. Il va parfois très loin, mais il se goure rarement. Avec James, on a voulu aussi semer plein de petits gags très furtifs. Comme la scène où un petit vieux se plaint d'avoir mal au dos et Brice arrive pour s'asseoir et lui prend sa chaise. Le petit vieux se casse alors la figure. On ne fera qu'entendre sa chute mais on ne la verra pas. Je raffole de ce genre de gags. » Réalisateur, James Huth est également coscénariste, tout comme Karine Angeli, que Jean Dujardin a croisée lors *d'Un gars, une fille* dont elle a écrit certains textes. Elle lui apporte le point de vue féminin dont il affirme avoir besoin.

Le trio se met d'accord sur un scénario plutôt bien fait. Fils d'un blanchisseur d'argent pour le compte de la mafia sicilienne, Brice de Nice mène une vie oisive. C'est un surfeur qui attend en vain une vague immense au large de Nice, sur cette Méditerranée qui fait effet d'une sorte d'étang aux eaux perpétuellement calmes. Grand admirateur des séries télévisées consacrées aux surfeurs australiens et du film *Point Break* avec Patrick Swayze, il tue le temps en organisant des soirées *yellow* dont il sélectionne impitoyablement les participants. Ils sont là pour s'amuser, s'éclater, mais aussi affronter Brice lors de joutes verbales, juchés sur le plongeoir de la piscine où leur manque de répartie les précipite. Cette belle vie prend fin lorsque le père est arrêté et ses biens saisis. Incapable tout autant de gagner sa vie comme garçon de restaurant que de réussir un casse dans une banque, Brice prend la fuite et croise la route d'un certain Marius Lacaille, qui le convainc de participer à une compétition de surf à Hossegor où il échoue lamentablement. Revenu à Nice, il est employé à nettoyer les plages par les services de la voirie et voit enfin la fameuse vague tant attendue déferler sur la Riviera puis rencontre son alter ego, Alice de Nice. Cela ne casse pas trois pattes à un canard mais fournit une trame relativement cohérente à de multiples gags qui s'enchaînent très rapidement.

Jean Dujardin fait largement appel à son entourage proche pour cette aventure. Il retrouve son complice des Nous Ç Nous, Bruno Salomone, qui interprète Igor d'Hossegor, un véritable champion de surf, lui. Il offre à Alexandra Lamy le rôle d'Alice de Nice. C'est un message d'amour et de gratitude mais aussi une sorte de tendre mot d'excuse. Il se sent en partie responsable du creux que connaît alors la carrière de sa partenaire. Depuis leur départ de la série *Un gars, une fille*, il a reçu de multiples propositions, elle pratiquement aucune. Elle a dû se contenter de petits rôles dans *Rien que du bonheur* de Denis Parent, *Livraison à domicile* de Bruno Delahaye et *L'Antidote* de Vincent de Brus[1]. À chaque fois que son compagnon reçoit un scénario, elle le lit, dans l'espoir, perpétuellement déçu, d'y trouver le personnage que l'auteur aurait pu lui réserver. rêche nullement les intéressés de l'appeler pour lui demander de glisser un mot en leur faveur auprès de son compagnon. Alexandra Lamy est bonne fille mais n'apprécie guère d'être prise pour une idiote. Elle n'entend

1. Elle a également interprété, en 2003, *Théorbe* de Christian Siméon au Petit Théâtre de Paris.

pas se contenter d'être Mme Dujardin. *Brice de Nice* lui offre la possibilité de retrouver l'atmosphère des plateaux où elle se sent bien.

Pour incarner Marius Lacaille, le mauvais génie qui inscrit Brice de Nice à une compétition de surf à Hossegor, Jean Dujardin porte son choix sur Clovis Cornillac. Ils se sont rencontrés non pas sur le plateau de tournage des *Dalton*, mais lors du Printemps du cinéma, édition 2004, dont ils étaient les parrains. Ils ont pris très au sérieux leurs fonctions puis sont allés boire un pot. Le temps d'écluser quelques verres, ils se lient d'amitié. C'est ainsi. Jean Dujardin a des coups de foudre. Le hasard peut décider de la naissance d'une longue et durable amitié. Quand Jean Dujardin évoque devant Clovis Cornillac son projet de porter *Brice de Nice* à l'écran et lui raconte l'histoire, son interlocuteur s'esclaffe : « Il te manque un personnage ? Ne cherche plus, tu l'as devant toi ! » Ce n'est pas une promesse d'ivrogne. À peine Clovis Cornillac achève-t-il, le lendemain, la lecture du scénario, qu'il a la conviction de ne pas s'être trompé.

L'acceptation de Clovis Cornillac est un atout considérable. L'acteur s'est déjà fait un nom dans le monde du septième art et sa participation rassure les producteurs à défaut de totalement convaincre les banquiers qui se font prier pour avancer une partie des 5 340 000 euros prévus pour le budget du film. Jean Dujardin n'est pas encore « bankable ». Ce n'est là qu'une des multiples difficultés qui l'attendent. Durant le tournage, le décor extérieur brûle, occasionnant un retard coûteux en temps et en argent. Devant les cendres à peine éteintes, il ose même un « t'es cramé ! » qui en dit long sur sa détermination.

Il s'est préparé soigneusement à son rôle. Pour être en pleine forme physique, il fait appel pour la première fois de sa vie à un coach, Patrick Lukara. Il travaille sa musculation, fait des pompes, des poids et haltères. Brice est supposé être un sportif accompli, ce doit donc être le cas de Jean Dujardin. Il y va de sa crédibilité. C'est un excès de précautions. En fait, il a toujours su merveilleusement s'adapter à chacun de ses rôles. L'un de ces partenaires des Nous Ç Nous, Éric Collado, le dit fort joliment : « Jean, tu lui mets une plume, il a déjà l'air d'un Indien ! » Cela dénote chez lui un souci du perfectionnisme qui est en quelque sorte sa marque de fabrique. C'est un gros bosseur et il se prépare à chacun de ses rôles très en amont, en mettant toutes les chances de son côté. Il fait du sport, lit, voit des films, se documente, ergote à l'infini avec ses proches sur telle ou telle idée qui lui est venue à l'esprit, n'hésite pas à harceler réalisateurs et scénaristes, non pas pour leur faire perdre leur temps, mais pour en gagner.

Pour la bande-son du film, il fait appel à Bruno Coulais qui se plaît à mélanger différents styles musicaux comme le funk, le rock et la bossa, notamment pour la chanson interprétée par Jean Dujardin, « Le casse de Brice », qui fait l'objet d'un clip vidéo réalisé par John Gabriel Biggs. Une large place est faite à des titres cultes, notamment « *Give me the night* » de George Benson et « *Surf City* » écrite par l'un des Beach Boys.

Indépendamment de l'incendie du décor, le tournage se déroule sans incidents. La bande du film s'amuse réellement et une formidable complicité règne entre ses membres. On travaille et on s'amuse beaucoup et les idées fusent, amenant les coscénaristes à modifier parfois leur texte. Le montage prend du temps mais le résultat est là. Le 6 avril 2005, *Brice de Nice* sort en salle.

Les appréhensions des financiers se révèlent sans fondement. Le film est propulsé en tête du palmarès. En tout, il réalise 4 384 973 entrées, deux fois plus que *Mariages !* Il génère de confortables recettes supplémentaires avec la commercialisation de différents produits dérivés (DVD, CD, tee-shirts jaune fluo, jeu de cartes, sonneries de téléphone, etc.). Le film fait un véritable tabac dans les cours de récréation des écoles et des collèges où quantité de gosses et d'adolescents s'ingénient à imiter la Brice Attitude. C'est à qui casse le mieux l'autre. Sans aller jusqu'à parler d'une « génération Brice de Nice », l'engouement est spectaculaire. Reste que le personnage, connu auparavant de quelques initiés, devient un personnage de référence, l'un de ces héros mythiques dont la simple évocation suffit à déclencher le rire. Le tout sous l'œil parfois consterné de parents qui ne comprennent pas cette soudaine lubie de leurs rejetons et en tirent d'amères conclusions. D'autres sont plus indulgents ou s'efforcent de ne pas paraître vieux jeu.

Jean Dujardin se dépense sans compter pour assurer la promotion de *Brice de Nice*. Il court les plateaux de télévision et les studios de radio, se prête avec bonne grâce aux séances photos tout comme il parcourt la province pour une série d'avant-premières durant lesquelles il multiplie pitreries et démonstrations de la technique du cassage pour le plus grand plaisir d'un public majoritairement composé d'adolescents. C'est un excellent vendeur qui se fait un scrupuleux devoir d'assurer le service après-vente de ses films. Il le reconnaît : « Quand j'accepte un rôle, j'ai besoin de temps pour m'investir dans le personnage en amont et j'ai envie de l'accompagner lors de sa sortie. Soit six mois en tout. » Sous cet angle, il fait preuve d'un très grand professionnalisme qui enchante les producteurs. Il se garde bien de faire la fine bouche et de jouer les vedettes inaccessibles, murées dans leur tour d'ivoire et ne condescendant à accorder de rares interviews qu'à des journalistes de leur choix.

Le succès en salle du film a de quoi consoler son principal interprète et coscénariste de l'accueil que lui réserve le monde des professionnels du septième art. *Brice de Nice* vaut en effet à Jean Dujardin une véritable volée de bois vert. Rares, très rares sont les journaux à prendre sa défense ou à dire du bien de lui. C'est le cas de Grégory Alexandre dans *Rolling Stone* : « Le tsunami Brice n'a pas failli : le festival déconne est permanent, et la bonne nouvelle, c'est que même le déluge de vannes a été canalisé dans un récit linéaire, ce qui est assez inattendu. » Dans *Zurban*, qui ambitionne d'être un *Officiel des spectacles* branché, Olivier Pélisson écrit : « Si l'écueil de la simple enfilade de sketchs est évité, le résultat manque tout de même d'épaisseur. Car la mise en scène manque de rythme et l'intrusion d'éléments à la *Shrek*, avec similis ogre et princesse, noie complètement l'univers ciblé ado, fun et surf.

Reste Dujardin, au talent, au charisme et à l'énergie incontestable, qui fera merveille dans une comédie d'aventure de Rappeneau. » Dans *Première*, Mathieu Carratier va plus loin en osant une audacieuse comparaison : « Si la France se cherchait un Jim Carrey, elle vient de le trouver… Laissez vos préjugés à l'entrée et pénétrez dans cette énorme fête qu'est *Brice de Nice. Open bar* sur les gags et tournée de crampes dans le bide pour tout le monde. Si vous trouvez plus drôle ce mois-ci, on vous rembourse la différence. »

Les autres critiques tirent à vue sur les scénaristes, le réalisateur et les acteurs, à l'exception d'un seul, Clovis Cornillac, qui s'en sort avec quelques compliments aigres-doux. Pour Miguel Almereyda de *Score*, il « est la seule et unique raison d'aller voir ce film tant le génie comique de l'acteur est époustouflant ». Dans *Télérama*, Pierre Murat sépare le bon grain de l'ivraie : « On a joué un mauvais tour à Jean Dujardin… On lui a emprunté le personnage qu'il a inventé… pour en faire le héros du film le plus désolant tourné depuis longtemps… un malveillant a eu l'idée d'engager Clovis Cornillac, dans le rôle d'un mec qui n'arrive jamais à finir une phrase. Résultat : Clovis dévore Brice tout cru. Hormis lui, tout est nul. » Idem pour Alex Masson de *Brazil* :

« À l'exception d'une maigre poignée de scènes osant aller vers l'incongru le plus absolu, seule l'arrivée de Clovis Cornillac – unique comédien à ne pas hésiter à se jeter à fond dans la nature absurde de son personnage – et d'un gag énorme sauvent le film du désastre absolu. » Alexandre Chabert, dans *Les Inrockuptibles*, évoque un « film affligeant de médiocrité », qui recèle « toutefois un trésor comique, caché dans les chaussures de Clovis Cornillac (très bon en toutes circonstances). Tout à coup un peu du bestiaire farellien anime cette gentille merde. »

Les exécutions sont menées tambour battant. Les bourreaux ont parfois quelques mots tendres pour leur victime, un reste de charité chrétienne doucereusement hypocrite. Pour Jean-François Rauger du *Monde*, le quotidien de référence, « on y retrouve l'image, à peine déformée, d'une frivolité puérile et fièrement analphabète très contemporaine. Si, par instants, le film de James Huth et surtout l'abattage de Jean Dujardin font irrésistiblement mouche, l'obligation de densifier et d'humaniser une silhouette, consécutive à la conduite d'un récit d'une heure trente, en dévitalise quelque peu la force comique ». À *Libération*, Gilles Renault donne dans le jésuitisme. C'est mauvais mais meilleur que du Michaël Youn qui sévit alors sur une chaîne de télévision avec son *Morning Live* : « Écueil habituel, on ne sort guère de la suite de sketchs (Brice attaque la banque, Brice à l'hôpital...) enfilés sans malice, ni sagacité, avec son abattage et ses formules, un personnage et un ton, loufoque, effréné qui, tout en faisant l'éloge hédoniste de la vacuité, offre une alternative à l'escalade trash de la bande Youn-Desagnat & Co... Seule la frange ado pourrait suivre. »

D'autres tirent sans sommation. Pour Jean-Philippe Tessé des *Cahiers du Cinéma*, « comme redouté, la bande-annonce de *Brice de Nice* est meilleure que le film qu'elle promet ». *Ouest-France* est impitoyable : « Les élucubrations plus bêtes que délirantes n'ont guère de quoi faire bien rire. [Le film] se complaît dans une répétition de mêmes gags à travers des scènes peu renouvelées qui se voient comme un alignement de pitreries sans fil conducteur. » Pour *TéléCinéObs*, Jennifer Picard tranche : « Les plaisanteries les plus courtes sont souvent les meilleures. Avec *Brice de Nice*, James Huth nous en donne la preuve : d'un sketch de télé culte, il fait une comédie indigeste d'une heure trente où gags et blagues tombent presque toujours à plat. » Dans *avoir-alire.com*, Frédéric Mignard se charge du coup de grâce : « Avec ses répliques cassantes qui sentent bon le concept marketing destiné aux cours de récréation, il fait pitié ! Pas un brin de scénario dans cette comédie clinquante au montage parfois épileptique, qui se contente d'enchaîner les gags, pas très drôles, et carrément ridicules, qui frisent la névrose et la boulimie. »

C'est une véritable descente en flammes. Le film n'a aucune chance de remporter un prix d'importance. Il doit se contenter de trois distinctions aux *NRJ Ciné Awards* 2005 : meilleure réplique (Jean Dujardin), meilleur look (Jean Dujardin et Clovis Cornillac), une manière pour la chaîne de s'attirer les faveurs des deux acteurs. Si les Trophées du film français lui décernent une récompense, elle ne fait pas oublier sa nomination au Gérard du plus mauvais film avec Jean Dujardin, remporté par *Il ne faut jurer de rien* ni le Bidet d'or du second rôle attribué à Alexandra Lamy à la veille de la cérémonie des césars. C'est bête et méchant. On peut supposer que Jean Dujardin et sa compagne n'ont guère apprécié ces « distinctions » dont un certain Paris fait ses délices.

Quoi qu'il en soit, beaucoup, au sein de la profession, lui tiennent une solide rancune d'avoir porté à l'écran les aventures de Brice de Nice et d'avoir donné du cinéma français une « mauvaise image », de renouer avec la veine des *Bidasses en Folie* ou de *La 7^e^ compagnie*. Les portes se ferment devant lui, on le regarde avec dédain, on susurre qu'il a brûlé ses vaisseaux et définitivement ruiné sa carrière. Plus tard, après le succès du premier *OSS 117*, il s'en souviendra avec ironie : « Je suis mort plein de fois. Après *Un gars, une fille* et *Brice de Nice*, on m'a assuré que c'était foutu pour moi. Je suis un miraculé [1]. »

⁂

Jean Dujardin accuse le coup. Il se sait populaire mais constate que sa carrière risque fort de souffrir de l'image de comique de cour de récréation qu'on lui accole. *Brice de Nice* plombe indéniablement le succès en salle de ses deux films suivants, pour lesquels il s'était beaucoup investi, *L'Amour aux trousses* et *Il ne faut jurer de rien*. Le premier est une comédie policière réalisée par Philippe de Chauveron, l'histoire de deux flics plutôt médiocres dont l'un, Jean Dujardin, a pour maîtresse la femme de l'autre, Pascal Elbé. Une sorte d'hybride de *Starsky et Hutch* et de comédie de boulevard. En dépit de la complicité des deux acteurs et de

1. Cf. « Jean Dujardin. L'espion qui mimait », propos recueillis par Christophe Chadefaud et Thierry Cheze, *Studio Cine Live*, n° 3, pp. 56-62, p. 62.

la présence de Caterina Murino, que sa trop grande beauté a failli écarter du casting, le film est un échec commercial : 162 423 entrées pour un budget de 5,33 millions d'euros. Il souffre sans doute de sa tardive date de sortie, le 29 juin 2005, à la veille des grandes vacances. La critique, il est vrai, ne donne pas clairement envie d'aller voir le film. Certes, dans *Paris Match*, Alain Spira n'est pas négatif : « Si cette comédie policière vaudevillesque démarre sur des chapeaux de roue plutôt à plat, elle finit par prendre une bonne vitesse de croisière. » *Ouest-France* est moins féroce que pour *Brice de Nice* : « Ce jeune metteur en scène n'avait pas manifesté un tempérament d'une originalité et d'une virtuosité remuantes. Il faudra attendre éventuellement la suite pour en avoir la révélation. Ici encore, il se promène tranquillement sur un sentier balisé qui aligne toutes les étapes attendues d'une fantaisie légère et décontractée. » Dans *Télé 7 Jours*, où l'on aime bien Loulou, Laurence Tournier est plus chaleureuse : « Le réalisateur Philippe de Chauveron ne s'en sort pas si mal, surtout lorsque, entouré d'acteurs complices, il fouille les petites failles de son personnage. »

Bruno Bayon de *Libération* n'est pas tendre : « Ce flic-film aurait peut-être gagné à se dispenser de galéjer à la *Taxi* pour exploiter simplement son filon beauf à pétards. Quitte à les mouiller. » Mathieu Carratier de *Première* est plus sévère et évoque un « vaudeville policier *eighties*, sorte de *Starsky et Hutch* version bœuf carottes, dont l'humour et les situations ont dépassé la date de péremption ». Même sévérité à *Zurban* où Véronique Le Bris distribue les mauvaises notes : « Scénario indigent, rythme affligeant, clichés abondants, rêves absents... » Comme le dit Brice de Nice : « Cassé ! » Idem pour Pierre Murat de *Télérama*, toujours réfractaire : « Ça sent bon la comédie policière *seventies* à la Lautner-Audiard, mais sans la fantaisie de l'un, ni le brio de l'autre. Pas d'idée, pas de mise en scène, rien qu'un affrontement très sympa mais longuet entre Jean Dujardin et Pascal Elbé. » Jean-Philippe Tessé parle de « charisme d'un bolino froid » cependant que, dans *Le Monde*, Jean-Luc Drouin renvoie Dujardin à ses débuts : « Tout, dans la mise en place des situations et dans le jeu de Jean Dujardin, évoque la recette du feuilleton *Un gars, une fille*, qui fit le bonheur de 8 millions de téléspectateurs. »

Décidément, certains s'évertuent à le croire figé pour l'éternité dans une seule et même condition, celle de bateleur ou d'amuseur public, belle gueule handicapée par sa volubilité et son rôle vedette. C'est ce que lui avait dit, en

2003, l'un de ses interlocuteurs : « Tu as un visage trop expressif pour être acteur. » Pour prouver le contraire, il accepte de jouer Valentin, un séducteur cynique, dans *Il ne faut jurer de rien !*, une adaptation cinématographique très libre de la pièce d'Alfred de Musset par Éric Civanyan.

Le projet a tout pour le séduire. Ce n'est pas un mince privilège que de tourner aux côtés de Gérard Jugnot, ancien du Splendid et des *Bronzés*, qui, devant ou derrière la caméra, accumule les succès. Il a obtenu un formidable triomphe avec *Les Choristes* et avec *Monsieur Batignole*. C'est une fantastique locomotive, auquel tout sourit, aussi bien le cinéma que le théâtre. C'est là qu'il a fait la connaissance d'Éric Civanyan avec lequel il partage une passion pour les films d'époque, une spécialité française tombée un tantinet en désuétude. Ses références, ce sont *Fanfan La Tulipe, Cartouche*, *Mon Oncle Benjamin*, *Que la fête commence !*, *Ridicules*, *Les Liaisons dangereuses*, *Les Mariés de l'an II* ou *Les Chouans*. Il ne s'en cache pas : « J'aime beaucoup les films d'époque car je trouve que le recul du temps nous permet d'être beaucoup plus universel que si nous parlons de faits situés en 2004 ou 2005… C'est assez exaltant de faire un film d'époque où on se déplace à cheval ou en fiacre, il y a les costumes, les figurants ; tout ça est très agréable. Mais, dans le même temps, il faut que le tout constitue une histoire forte et je trouve que cette comédie est très moderne et très “punchy”. On n’est pas dans le mièvre ou dans “quoi, charmante Élise ?[1]” ».

Jean Dujardin est sur la même longueur d’ondes. Il voue un véritable culte à Jean-Paul Belmondo dont il a vu tous les films et qui est pour lui le grand monsieur du cinéma français. Son futur partenaire le sait et en joue habilement, Dujardin l’admet : « Gérard a lancé la comparaison entre Jean-Paul Belmondo et moi. Je pense que Belmondo est un maître dans ce type de personnage virevoltant. » La lecture du scénario achève de le convaincre. Il prend de très nombreuses libertés avec le texte de la pièce et le dépoussière habilement en lui donnant une certaine actualité. Ce n’est pas un retour aux prétendues sages beautés du romantisme.

C’est une lecture assez originale des Trois Glorieuses de 1830 et de l’ascension de la bourgeoisie et du déclin de la vieille noblesse dont les particules séduisent cependant les nouveaux

1. Cf. http://www.allocine.fr/film/fichefilm-582241/secrets-tournage. Nous nous référons à ce site pour les informations sur le film dans ce chapitre. Une occasion de rendre hommage à cette mine de renseignements que procure ce site sur les différents films à l’affiche.

riches comme Van Buck (Gérard Jugnot), Oncle Picsou affligé d'un neveu, Valentin (Jean Dujardin), noceur effréné, client assidu des maisons de tolérance, libertin achevé et, surtout, profondément désespéré. Il ne croit pas à l'amour, considère que les femmes ne cherchent qu'une chose, mettre les hommes dans leur lit. Les femmes, toutes les femmes, y compris cette jeune marquise Cécile de Mantes que son oncle veut à tout prix lui faire épouser pour parfaire son ascension sociale.

Jean Dujardin aime son personnage, « suicidaire écorché qui ne croit en rien et surtout pas en l'amour. Ce qui m'attire chez lui, c'est son épaisseur et sa dualité. Il joue sans arrêt sur deux tableaux : le voyou avec son oncle et le prince avec l'ingénue ». C'est une façon pour lui de poursuivre l'interrogation sur l'amour amorcée dans *Mariages !* : « Il faut croire à l'amour encore un peu. C'est pas mort, ça vaut le coup d'être amoureux, d'avoir le palpitant de 14 ans, d'être heureux ; ça vaut le coup de tenter l'amour. » Un bel hommage rendu indirectement à Alexandra Lamy.

Durant le tournage, Jean Dujardin s'amuse comme un petit fou. Certes, il découvre l'atmosphère très particulière des films d'époque. Les séances d'habillage et de maquillage sont plus longues. Il lui faut aussi maîtriser son jeu, éviter les gestes ou les attitudes anachroniques, constamment penser à la crédibilité de son personnage. Mais quelle joie de monter à cheval, de simuler des bagarres, d'être le héros de fêtes fictives, de parader au milieu de dizaines de figurants, de danser l'un de ces galops qui, jadis, faisaient la renommée du bal des Courtilles, non loin de la Bastille à côté de laquelle il habite. Il se replonge dans l'atmosphère des *Enfants du Paradis* et ne boude pas son plaisir. Toute l'équipe l'assure. Il fait régner sur le plateau une bonne humeur communicative. Ses partenaires sont subjugués par son aisance. Au point que Mélanie Doutey lui confère son bâton de maréchal : « On a connu Bebel, on connaîtra bientôt Dudu. »

Le succès n'est pas totalement au rendez-vous. Le film fait 887 725 entrées. C'est beaucoup, mais très inférieur à ce qu'attendait Gérard Jugnot, fort du succès des *Choristes* et de *Monsieur Batignole*. La mayonnaise n'a pris qu'à moitié. La presse se montre plutôt réservée. Certes, dans *Elle*, Erin Doherty écrit : « Si vous avez l'humour badin, du Musset sous *speed.* » Dans *Le Parisien*, Alain Grasset se montre favorablement impressionné : « Un film divertissant, qui doit beaucoup au charme de Mélanie Doutey, Jean Dujardin, belmondien en diable et Gérard Jugnot, étonnant. » Il n'est pas jusqu'aux très austères *Cahiers du Cinéma* qui rendent un hommage acidulé au film, sous la plume de François Bégaudeau, future Palme d'Or à Cannes : « *Il ne faut jurer de rien* se laisse avec plaisir investir par l'époque où les hasards de l'adaptation l'ont fait atterrir. »

*Ouest-France* est indulgent : « C'est du cinéma à l'ancienne. Comme un *remake*, en couleurs et avec une nouvelle distribution, d'un amusement que l'on a vu et revu jusqu'à le connaître par cœur. On peut lui trouver encore un certain charme gentiment désuet. » Tout comme *Télé 7 Jours* avec Julien Barcilon : « Librement inspirée de Musset, cette comédie en costumes [...] s'apprécie sans ennui ni enthousiasme débordant. L'humeur primesautière alliée au charme pétillant de ses têtes d'affiches étant son meilleur atout. »

Mais Jean Luc Wachthausen, dans *Le Figaroscope*, est le premier à émettre des réserves : « À part le titre, on est loin des subtilités de Musset, ce qui ramène forcément cette comédie d'époque à un simple divertissement qui a l'avantage de ne pas manquer de rythme. » Dans *TéléCinéObs*, Xavier Leherpeur renchérit : « Les puristes crieront au scandale en découvrant que la pièce de Musset est réduite ici à une simple comédie romantique. Mais les jeunes... risquent fort de s'amuser à cette suite de quiproquos amoureux auxquels manque juste une mise en scène plus inventive. »

C'est encore aimable. Ce n'est plus le cas avec Frédéric Mignard qui, dans, *avoir-alire.com*, évoque « une comédie en costumes qui se trompe de cible et d'époque… la spontanéité et la vraisemblance nécessaires pour entreprendre une aventure aussi périlleuse sont mises à nu ». Dans *Le Monde*, Thomas Sotinel sort ses griffes : « L'intrigue, dont la structure a été conservée, disparaît sous une épaisse couche de vulgarité », tout comme Sophie Grassin dans *Première* : « Faut-il, pour faire passer auprès du public l'auteur *d'On ne badine pas avec l'amour*, faire de l'agitation le rythme majeur du film au risque d'en gommer les répliques drôles ? »

Dans *Score*, Emmanuelle Spadacenta fulmine : « *Il ne faut jurer de rien* ajoute une couche de formol à la production végétative française. À moins que vous n'ayez plus de 60 ans, vous vous ennuierez ferme. » Quant à *Télérama*, Jean Dujardin et ses partenaires n'y sont toujours pas à l'honneur. Pour Cécile Mury, « cette luxueuse adaptation de l'œuvre d'Alfred de Musset peine, de rodomontades en cavalcades académiques, de gags approximatifs ou envolées maladroites, à trouver son rythme ».

La leçon est claire. En cette année 2005, Jean Dujardin a raté son oral de rattrapage. La profession et la presse sont loin de voir en lui le futur Belmondo. S'il veut rebondir, il lui faut frapper un grand coup.

## 5

# *C'est Bath !* La folie *OSS 117*

Alors que certains le croient au creux de la vague, Jean Dujardin mijote sa revanche. Il prend toutefois soin de bien cacher son jeu. Officiellement, il quitte, de façon provisoire, le septième art pour le théâtre. De janvier à juin 2006, il est à l'affiche de *Deux sur la balançoire*, une pièce de l'Américain William Gibson, adaptée par Jean-Loup Dabadie et mise en scène au théâtre Édouard VII par Bernard Murat. Ce sont là deux références prestigieuses. Futur académicien français, Dabadie a été le parolier de chanteurs vedettes (Barbara, Julien Clerc, Dalida, Michel Polnareff, etc.), a écrit des sketchs pour Guy Bedos, Sylvie Joly, Pierre Palmade et travaillé au cinéma comme scénariste, avec Yves Robert, Claude Sautet, François Truffaut et Claude Pinoteau. Bernard Murat, lui, est l'un des grands metteurs en scène français, directeur depuis 2001 du théâtre Édouard VII.

C'est lui qui a convaincu Jean Dujardin de monter sur les planches pour un duo en compagnie d'Alexandra Lamy. *Deux sur la balançoire* raconte en effet la rencontre, à New York, dans les années 1960, d'un avocat, Jerry Rian, à peine sorti d'un divorce malheureux, et de Clara Mosca, une jeune femme à l'esprit très libre et au cœur en or.

C'est une formidable performance mais une rude épreuve. Tout repose sur la complicité des deux acteurs. De ce côté-là, l'affaire paraît assurée. Mais il faut savoir tenir le rythme, six mois de représentations, six soirs par semaine plus une matinée le dimanche. C'en est fini des soirées entre copains ou des virées à la campagne. Jean Dujardin craint surtout de s'installer dans la routine car ni le texte ni la mise en scène ne lui permettent de prendre de réelles libertés.

Ses appréhensions sont un moyen pour lui de dissimuler ses peurs véritables. Il redoute de monter sur les planches. De faire du théâtre, pas du café-théâtre dont il a une large expérience. Il craint de « se planter » dès son entrée en scène et de bafouiller lamentablement. Alexandra Lamy qui, elle, n'en est pas à sa première pièce, le rassure et lui redonne confiance. Elle n'est pas peu fière et est ravie de jouer au Édouard VII, de démontrer de la sorte qu'elle est une actrice accomplie. Heureuse aussi de continuer à travailler aux côtés de Jean Dujardin, son compagnon à la ville.

Il n'en faut pas plus pour donner à celui-ci l'envie de se lancer dans cette aventure et de lui trouver de singulières vertus. À ses yeux, c'est tout autant une nouvelle expérience qu'une forme de thérapie : « Le théâtre, c'est un réglage à faire tous les quatre ans, comme une vidange. » (*Studio Ciné Live*)

L'accueil de la critique est plutôt chaleureux, ce qui console Jean Dujardin et Alexandra Lamy de la bordée d'appréciations peu flatteuses que leur a valu *Brice de Nice*. Le public est au rendez-vous et la pièce se joue devant une salle souvent comble. L'affiche est superbe. On y voit un Jean Dujardin arborant une moustache noire à la Clark Gable, vêtu d'un costume trois pièces qui fait très années 1950. Seuls quelques très rares initiés savent que cette plongée dans les *fifties* n'est pas une passade. Sous peu, en avril 2006 très exactement, il sera le principal héros d'un film, *OSS 117 : Le Caire, nid d'espions*, qui ressuscite ces années mythiques.

Signé Michel Hazanavicius, cet *OSS 117* fait revivre sur le grand écran le héros des romans de Jean Bruce, l'agent secret Hubert Bonisseur de la Bath, alias OSS 117, employé de l'*Office of Strategic Services* puis de la CIA.

L'idée vient des frères Éric et Nicolas Altmayer, producteurs de *Brice de Nice*. Ce sont des fans absolus des romans d'espionnage de Jean Bruce qu'ils ont tardivement découverts. Ils sont tombés dessus par hasard en fouillant dans la bibliothèque de leurs parents. Ils y ont déniché ces livres aux couvertures coloriées que les jeunes générations s'arrachent désormais car elles sont très *vintage*. Le père des Altmayer les avait dévorés. Discrètement. Il fut un temps en effet où il n'était pas de bon ton d'avouer sa passion pour ce type de livres. Ce n'était pas de la grande, de la bonne littérature.

On se cachait pour la lire mais on trouvait un réel plaisir à vibrer aux aventures de Hubert Bonisseur de la Barth, descendant américain d'aristocrates français exilés en Louisiane après la révolution de 1789. Ce lointain cousin d'Amérique n'en finissait pas de mener d'épiques combats contre les communistes, russes et chinois, épisodiquement alliés à d'anciens nazis ou à la mafia, qui menaçaient la survie du monde libre. Après avoir tâté de la résistance et rencontré à Lyon, à la Libération, un agent des services secrets américains, Jean Bruce avait, dès 1949, créé son personnage d'OSS 117 bien avant que Ian Fleming n'invente, en 1953, un certain James Bond.

Romancier prolifique, Jean Bruce, qui vivait de sa plume, avait écrit de nombreux livres jusqu'à sa mort en 1963, dans un accident de voiture. Sa seconde épouse, Josette, prit ensuite le relais, aidée ultérieurement par ses enfants, François et Martine.

Les succès des livres de Jean Bruce en librairie avait été renforcés par les adaptations des *OSS 117* tournés au cinéma notamment par André Hunebelle : *OSS 117 n'est pas mort* (1957), *OSS 117 se déchaîne* (1963), *Banco à Bangkok pour OSS 117* (1964), *Furia à Bahia pour OSS 117* (1965), *Atout cœur à Tokyo pour OSS 117* (1966), *Pas de roses pour OSS 117* (1968), *OSS 117 prend des vacances* (1970). Dans certains de ces films, le héros était incarné par l'acteur américain Kerwin Mathews, au physique de jeune premier sage et propre sur lui, qui avait joué auparavant dans *Le septième voyage de Sindbad* et *Les voyages de Gulliver.*

Hunebelle était un réalisateur populaire, doué d'un flair étonnant. Il aimait tout autant les films d'espionnage que les films de cape et d'épée. On lui devait *Le Bossu* avec Jean Marais. Il avait surtout tiré de l'anonymat des deuxièmes et troisièmes rôles auxquels il était jusque-là condamné un nommé Louis de Funès… Jean Marais et Louis de Funès joueront sous sa direction dans les *Fantômas* qui furent de grands succès populaires.

Au début des années 2000, les livres de Jean Bruce et les films d'André Hunebelle sont oubliés. OSS 117 a été la victime de son principal rival, James Bond, incarné à l'écran, entre autres, par Sean Connery, Roger Moore et Daniel Craig. L'espion de Sa Très Gracieuse Majesté, avec ses voitures, ses gadgets, son cortège de filles superbes, dont la très sculpturale Ursula Andress, avait détrôné sans appel le malheureux Hubert Bonisseur de la Bath… avant de subir à son tour les rigueurs de la disgrâce. Non que SAS, alias Malko Linge, de Gérard de Villiers ait eu raison de lui, mais parce que la fin de la guerre froide et la chute des régimes communistes avaient entraîné un déclin du roman et du film d'espionnage.

Ce genre n'était plus à la mode, à moins qu'il ne traitât des nouveaux aspects de la guerre de l'ombre, l'espionnage économique et industriel. Ou qu'il fût le prétexte à des films de parodie, tel le *Austin Powers* avec Mike Myers, dont le héros est photographe de mode le jour, agent secret la nuit, et mène une vie plutôt débridée, sur fond de musiques psychédéliques et d'abus de substances autres que le vieux malt cher aux agents d'antan.

Quoi qu'il en soit, Éric et Nicolas Altmayer, fascinés par *OSS 117*, nourrissent un projet fou en apparence : le ressusciter et transposer son univers dans le monde d'aujourd'hui. Ils en sont intimement convaincus : « Ces séries B, qui ont plus de quarante ans, ont un charme et un humour qu'elles n'avaient pas à l'époque. Il nous a semblé qu'il suffisait de les décaler légèrement, de les pousser vers la comédie, pour obtenir quelque chose d'intéressant. À cette envie s'ajoutait la nostalgie du Technicolor, des premiers *James Bond* et des films d'Hitchcock[1]. »

Leur créneau, c'est le détournement et la dérision. Une dérision très sage. S'ils veulent mener à bien leur projet, il leur faut obtenir l'accord des héritiers de Jean Bruce, à commencer par sa fille Martine, très sourcilleuse en ce qui concerne le respect de l'œuvre paternelle. Éric et Nicolas Altmayer prennent grand soin de préciser qu'ils sont des inconditionnels de *OSS 117*. Leur adaptation, si elle voit jamais le jour, tiendra plus du *Magnifique* de Philippe de Broca que d'*Austin Powers*.

1. Cf. http://www.allocine.fr/film/fichefilm-582241/secrets-tournage.

Prudence est mère de sûreté. Martine Bruce se laisse convaincre et n'aura pas à se plaindre du résultat.

Le détournement, c'est un peu la marque de fabrique de Canal +, la chaîne de télévision cryptée créée par André Rousselet et qui a été une sorte de pépinière du nouveau cinéma français, lui fournissant acteurs, actrices, scénaristes et réalisateurs de très grand talent, tous fans du cinéma américain et adeptes du second, voire du troisième ou du quatrième degré.

C'est dans ce vivier que les frères Altmayer font appel à Jean-François Halin, qui deviendra le scénariste du film. Ils le connaissent bien. Il a écrit pour *Nulle Part ailleurs*, *7 jours au Groland* et *Les Guignols de l'Info*, à l'époque (1990-1996) du mythique trio Halin-Gaccio-Delépine.

Jean-François Halin est séduit par le projet. À son tour, il se plonge dans les romans de Jean Bruce et y découvre « tout ce qui fut la France des années 1950, la Quatrième République, la fin de l'empire colonial, un rapport à la femme assez macho, assez misogyne, mais aussi une certaine condescendance vis-à-vis des peuples colonisés ».

Pour la génération de Jean-François Halin mais aussi celle de Jean Dujardin, cette France-là appartient à une sorte de très lointaine préhistoire. Ils sont nés une décennie après la fin de la guerre d'Algérie et ignorent quasiment tout des drames qu'elle provoqua au sein de la société française, entre adversaires et partisans de l'accession à l'indépendance des trois départements français d'outre-Méditerranée. C'est un sujet que l'on n'aime guère évoquer dans certaines familles. Les pères ont pu être appelés en Algérie et en ont conservé un souvenir peu agréable. On leur a volé leur jeunesse et, surtout, ils ont été les témoins de certaines ratonnades ou « corvées de bois » durant lesquelles on exécutait les prisonniers préalablement torturés à la gégêne.

Ce sont là des pages peu glorieuses, aussi peu glorieuses que l'attitude de certains durant l'Occupation, période durant laquelle Londres ne fut pas la destination préférée de la majorité des Français.

Ils n'ignorent pas que ces non-dits continuent à avoir une influence considérable sur les modes de fonctionnement de la société française. Point n'est besoin d'être grand clerc pour comprendre que les tensions provoquées par la présence en France d'immigrés de la première et de la seconde générations reproduisent très largement les tensions et les relations conflictuelles d'antan entre colonisateurs et colonisés. Si l'on veut lutter contre le racisme, il faut en faire l'archéologie. Sans tomber dans le réquisitoire enflammé ou accuser à tort qui que ce soit d'être coupable. Pour Jean-François Halin, il est clair que le racisme et le machisme d'OSS 117 « ne sont certainement pas le reflet de la personnalité de Jean Bruce, mais l'expression d'une époque. Je pense que Jean Bruce aurait le recul nécessaire pour rire de ce film ». Il n'est donc pas question de l'accabler, encore moins « de redonner vue à son œuvre en respectant un premier degré original, notre monde a trop changé ». Jean-François Halin décide donc de tout reprendre et de tout accentuer « pour montrer aussi que beaucoup de ce qui fait notre société d'aujourd'hui est issu de ce temps-là ».

Ce point de vue est partagé par le futur réalisateur, Michel Hazanavicius. Celui-ci est un pur produit de Canal +. Né en 1967 dans une famille d'origine juive lituanienne installée à Paris dans le XI^e^ arrondissement, il a débuté à la télévision en 1988, écrivant des sketchs pour les Nuls, avant de passer derrière la caméra en 1992 et de créer des spots publicitaires pour Reebok et Bouygues. Passionné de cinéma américain, il réalise *Le Grand Détournement*, un montage d'extraits de films dont les dialogues sont conçus dans la veine de *Lily La Tigresse*. En 1997, il tourne un court-métrage, *Échec au capital*, puis fait de brèves apparitions dans les films produits par l'ancienne équipe des Nuls, *Delphine 1, Yvan 0* de Dominique Farrugia, *Didier* d'Alain Chabat ou *La Cité de la Peur* avant de s'engager dans son premier long-métrage, *Mes Amis*, où il fait jouer son frère, Serge Hazanavicius.

Son origine judéo-lituanienne l'a sensibilisé à la thématique du racisme. Sa société de production, La Classe américaine, est ainsi à l'origine d'un documentaire accablant sur le génocide des Tutsis au Rwanda, *Tuez-les tous !* Il porte un regard volontairement distancié sur la société française et son histoire. Pour lui, OSS 117, tel que Jean-François Halin l'invente pour les besoins du scénario, est un condensé d'une certaine sorte de Français : « Il est ancré dans son époque, il est misogyne, colonialiste, homophobe. C'est une sorte de synthèse. Tout ce qui n'est pas français, blanc, masculin, et de son âge, lui est inférieur [1]. »

Car Jean-François Halin a profondément changé le personnage originel de Hubert Bonisseur de la Bath. Celui-ci n'est plus un agent des services secrets américains, mais du SDECE, les services secrets français, passé par la résistance

1. Ce qui n'empêcha pas *OSS 117*, version Jean Bruce, de connaître une réelle popularité au Maghreb. De courts sketchs racontant ses aventures étaient ainsi diffusés sur Radio Alger, y compris après l'indépendance.

et employé désormais par « la Piscine » dirigée sous la Quatrième République par un militaire membre de la SFIO, le général Grossin. OSS 117 est un agent français, il aime la bonne bouffe, en particulier la blanquette, le vin et les femmes, créatures qu'il juge dotées par erreur d'un cerveau, dont la mission est d'être de parfaites mères de famille, exceptées quelques nymphomanes qui ne rêvent que d'une chose, obtenir ses faveurs sexuelles. D'une ignorance crasse de tout ce qui n'est pas français, il fait preuve d'un paternalisme et d'une affligeante condescendance envers les colonisés ou ex-colonisés qu'il tient pour de grands enfants incapables de se passer de leurs anciens maîtres. Ce sont les pitoyables gaffes de ce sous-barbouze que Jean-François Halin et Michel Hazanavicius veulent porter à l'écran pour fustiger ses défauts, car, évidemment, tout le discours du film, si tant est qu'il y en ait un, c'est « d'en rire ».

L'idée de confier le rôle à Jean Dujardin ne s'est que tardivement imposée. Jean-François Halin l'admet : « Au moment de l'écriture du scénario, je ne savais pas qui incarnerait OSS. Nous souhaitions juste qu'il soit drôle et beau, avec un physique à la Sean Connery. » Michel Hazanavicius connaît l'ex-Loulou, vaguement, très vaguement. Il a été coscénariste des *Dalton* dans lequel Jean Dujardin tenait un petit rôle. Ils se sont croisés sans que le déclic ne se produise. Jean Dujardin est pourtant d'un naturel plus que sociable. Sur un plateau, il adore plaisanter, discuter, tailler le bout de gras avec le réalisateur, les acteurs, les figurants, tous ceux et celles qui sont dans son champ de vision.

Michel Hazanavicius est beaucoup plus réservé. Or, pour lui, jusqu'en 2005, Jean Dujardin, c'est le type dont il a vu la gueule orner la Une de magazines de télévision populaires. C'est le Loulou d'*Un gars, une fille*, un point, c'est tout. Un mauvais point, serait-on tenté de dire car entre l'école Canal + et l'école France 2, ce n'est pas l'amour fou. Canal +, c'est la classe, le second degré, la culture, France 2, c'est l'inverse. Hazanavicius ignore même que Jean Dujardin a fait autre chose qu'*Un gars, une fille*. C'est l'un de ses amis, monteur de *Bienvenue chez les Rozes*, qui lui parle en termes plus qu'élogieux de « cet acteur dément ».

Michel Hazanavicius se laisse convaincre sans trop de mal de le rencontrer. Ils habitent tous les deux l'est parisien où ils ont leurs repères et leurs marques. Des années plus tard, l'intéressé n'en revient toujours pas de ce coup de chance : « Nous nous sommes très vite entendus, pas tant sur notre sens de l'humour que sur la façon dont on voyait le travail. Comme les Nuls, vingt ans avant, cette rencontre fait partie des plus importantes de ma vie professionnelle. La preuve, tout ce que j'ai fait depuis sept ans est très lié à Jean[1]. »

Pour Michel Hazanavicius, il est évident que lui et Jean Dujardin sont faits pour conjuguer leurs talents respectifs, leurs forces comme leurs faiblesses. En réalité, ils s'attendaient l'un l'autre sans le savoir : « Je crois que le réalisateur doit avoir du goût et l'acteur du charme. S'il a cette qualité, il peut passer par 12 000 biais pour s'accaparer ce que vous lui avez écrit. Lorsque ça marche, c'est la rencontre de deux énergies. »

Jean Dujardin saisit d'instinct la perche qu'on lui tend. *OSS 117* a tout pour lui plaire même s'il n'avait jamais lu les romans de Jean Bruce. Plaisir aurait pu lui être d'une certaine aide sous cet angle. Le Plaisirois le plus connu dans les années 1960 n'était-il pas en effet Robert Manuel ? Or celui-ci avait été le metteur en scène des deux pièces écrites par Jean Bruce et jouées au théâtre de la Potinière. OSS 117 est un rôle en or pour lui, il le reconnaît : « Il y a

1. Cf. http://www.allocine.fr/film/fichefilm-582241/secrets-tournage. Les citations des pages suivantes proviennent de ce site.

deux rôles que tout acteur rêve d'incarner : un cow-boy et un agent secret. » Le premier, il l'a eu, même de façon très brève, dans les *Dalton*. Le second lui est présenté sur un plateau d'argent. Avec l'avantage de lui offrir la possibilité de s'identifier à un héros mythique. Il n'endossera pas simplement la peau d'un personnage comme il l'a fait dans *Le Convoyeur*, *Il ne faut jurer de rien* ou *L'Amour aux trousses*. Il va incarner un agent secret dont le nom fait figure de référence, aux côtés de ceux de James Bond et de SAS. Il le dit : « Le culte du héros est si peu répandu en France qu'en rencontrer un est une vraie chance ! »

C'est aussi un moyen pour lui de marcher sur les traces de son idole, Jean-Paul Belmondo. C'est une tentation à laquelle il ne peut résister, à laquelle s'ajoute un formidable défi : « En tant que comédien, c'était l'occasion de créer un personnage de composition comme je les adore. Dix mois en costard, les cheveux noir corbeau, à travailler sa façon de parler pour retrouver la musique un peu chantante des doublages français de l'époque, la gestuelle, le look, la façon de marcher, c'est un régal. »

Ce que Jean-François Halin lui montre d'une première version du scénario suffit à le convaincre. Il y découvre une réelle finesse d'écriture et l'envie de détourner sans parodier.

Il donne son accord, ce qui oblige Jean-François Halin à reprendre son texte et à le modifier pour adapter le personnage de OSS 117 à Jean Dujardin. Certaines scènes sont écrites uniquement pour lui, elles n'auraient pas convenu à un autre.

Jean Dujardin se plonge dans la lecture des œuvres de Jean Bruce et visionne les vieux *OSS 117*. C'est un perfectionniste, il ne veut pas être pris en défaut. Il lui faut humer l'air des *fifties*, s'en imprégner, l'intérioriser, devenir un contemporain des débuts des Trente Glorieuses, ne pas se satisfaire uniquement d'une reconstitution factice.

Pour *Brice de Nice*, il s'était adjoint les services d'un coach. Cette fois-ci, il prend en plus des cours et obtient haut la main son diplôme de plongeur. Dans l'une des scènes du film, il est supposé être jeté, pieds et poings liés, dans le canal de Suez. Il refuse de se faire doubler, suivant en cela l'exemple de son mentor, Jean-Paul Belmondo. Au risque de donner quelques belles frayeurs aux producteurs Éric et Nicolas Altmayer contraints de négocier avec une compagnie d'assurance un contrat coûteux.

Le tournage dure cinquante-quatre jours dont quatre semaines au Maroc. L'action de *OSS 117 : Le Caire, nid d'espions* se situe pourtant dans l'Égypte nassérienne, celle des années 1953-1956, entre l'arrivée au pouvoir des officiers libres, après la déposition du roi Farouk, et la nationalisation du canal de Suez qui amène la France et la Grande-Bretagne à intervenir militairement sur place. Le film ne peut toutefois être tourné sur les bords du Nil. En 2005, la situation au pays des pharaons est explosive. Des attentats ont visé à plusieurs reprises les touristes étrangers et des heurts violents opposent chrétiens et musulmans locaux. Le régime de Hosni Moubarak s'efforce de maintenir une poigne de fer pour réprimer l'ascension des Frères musulmans, avec l'appui des Américains. C'est une dictature dont l'une des caractéristiques est de singulièrement manquer d'humour. Autant dire qu'elle n'entend pas cautionner, d'une manière ou d'une autre, une aussi impertinente relecture de son histoire récente.

C'est donc au Maroc, plus tolérant, que sont donc tournées les scènes en extérieur. De nombreux cinéastes se sont rendus dans le royaume chérifien où les professionnels du septième art sont nombreux. Le pays est francophone, ce qui facilite le travail et permet d'avoir recours aux services des acteurs locaux sans devoir passer par des interprètes. Il suffit juste de « levantiniser » le décor et l'adapter à ce qu'était l'Égypte des années 1950. C'est un sans-faute ou presque. Il n'y a que deux erreurs historiques, mineures, dans le film. La première est que certains officiels égyptiens continuent à porter le tarbouche rouge, la version égyptienne du fez. C'était effectivement la coiffe à la mode dans l'Égypte de Farouk, pas dans celle de Nasser qui l'avait proscrite. La seconde erreur est de faire atterrir en 1953-1955 une Caravelle à l'aéroport du Caire, une image tirée d'un film antérieur. Or les Caravelles n'ont commencé à être produites en série et à équiper les compagnies aériennes qu'à partir de 1959. Ce sont là de simples détails, tout juste bons à susciter la mauvaise humeur de certains grincheux.

Pour le reste, on est réellement dans les années 1950. Le décorateur, Maamar Ech Eikh, accomplit un travail prodigieux qui contribue beaucoup à la réussite du film. Pour les locaux de la SCEP (Société cairote d'élevage de poulets), la société qui sert de couverture fictive à Hubert Bonniseur de la Bath, supposé en être le gérant associé, il a repéré sur le port de Kénitra (ex-Port-Lyautey) des locaux commerciaux datant du début des années 1950. Détail savoureux : Abdallah Moundy, l'acteur marocain qui joue l'employé égyptien de la SCEP, Slimane, a travaillé dans le secteur aviaire.

D'autres scènes sont filmées à Rabat, à Casablanca et à El Jadida. La faculté de Lettres et de Sciences humaines de Rabat a été ainsi transformée de fond en comble pour devenir l'intérieur supposé de l'hôtel Métropolitan du Caire. Pour la façade de cet établissement, l'on a choisi de « relooker » la façade de l'hôtel de ville d'El Jadida (ex-Mazagan), une cité portuaire située à une centaine de kilomètres de Casablanca. Le bâtiment date des années 1940 et est d'une grande élégance architecturale. Passionnés par le cinéma américain, Jean Dujardin et Michel Hazanavicius n'ont pas été insensibles au choix de cet ancien comptoir portugais, connu, durant sa période lusitanienne, sous le nom de Mazagao. Une ville complexe puisque ses habitants, lors de l'évacuation de la ville par les Portugais, seront tous transférés dans une localité éponyme située en plein cœur de l'Amazonie. C'est aussi dans les vestiges de la forteresse chrétienne que Orson Welles a tourné, à la fin des années 1940, son *Othello*. C'est également du haut d'une mosquée d'El Jadida qu'un muezzin appelle à la prière, troublant le sommeil d'OSS 117 et provoquant chez lui une réaction de fureur qui dresse contre les Occidentaux les Égyptiens, furieux qu'un *kâfir*, un infidèle, ait osé faire taire l'une des figures essentielles de la vie quotidienne en terre d'islam. Une manifestation d'intolérance dont on peut rire et dont on doit rire.

Jean Dujardin, sous les traits de OSS 117, nous paraît alors être un butor. L'est-il plus que ces citoyens helvètes qui font interdire par référendum la construction de minarets ? Jean Dujardin a le mérite de nous interpeller.

D'autres scènes sont filmées dans la medina de Casablanca, notamment la poursuite qui s'inspire d'un passage de *La Mort aux trousses* de Alfred Hitchcock. Les images ont été tournées de nuit tout comme celles qui ont pour cadre le port de Casablanca dont les eaux boueuses et malpropres remplacent celles du canal de Suez où OSS 117 est jeté par les Aigles de Khéops, ses ennemis.

Les scènes d'intérieur sont réalisées à Paris et en région parisienne. Le hall supposé de l'aéroport du Caire, avec sa gigantesque mappemonde, n'a rien à voir avec l'original. C'est en fait le hall, totalement redécoré, de la faculté de droit de la rue d'Assas, à Paris. C'est un clin d'œil qui n'a rien d'innocent. Des années durant, cet établissement universitaire a été considéré comme le fief d'une certaine extrême droite estudiantine, volontiers raciste, antisémite et xénophobe. Il y a quelque ironie à voir cette université devenir la porte d'entrée au Levant de *OSS 117*.

Les scènes se déroulant au sein de l'ambassade britannique au Caire ont été filmées dans les locaux de la mairie de Puteaux dont le premier magistrat est un ami d'Éric et Nicolas Altmayer et un passionné de cinéma. Un ancien fort militaire est utilisé pour figurer le repaire des Aigles de Khéops où OSS 117 est fait prisonnier et se voit infliger la flagellation, parodie de scènes classiques des romans de cape et d'épée et de *Lawrence d'Arabie*.

Quand OSS 117 se rend aux Pyramides, en compagnie d'un homme d'affaires allemand, en réalité un ancien nazi dont il a tué à Berlin en 1945 l'amant, Michel Hazanavicius utilise des images de synthèse pour montrer les deux personnages chevauchant à dos de chameau. Une scène tout droit sortie d'un album de Tintin, *Les cigares du Pharaon*. L'intérieur très futuriste de la Pyramide de Khéops est inspiré des décors de *Fantômas* et a pour cadre une ancienne carrière située à une quarantaine de kilomètres de Paris. Il y régnait une température glaciale qui surprit les acteurs, à peine débarqués du Maroc.

Ce fut peut-être la seule fois où Jean Dujardin ne se sentit pas à l'aise durant le tournage. Le reste du temps, il se montra égal à lui-même, manifestant une bonne humeur communicative. Lors des soirées, il prenait un malin plaisir à faire quelques démonstrations de son imitation du chameau, l'un de ses gags préférés, qu'il ne rechigne jamais à montrer à ceux et celles qui ne le connaissent pas. C'est une sorte de sport national auquel il s'adonne avec passion, notamment lorsqu'il revient dans le Médoc et qu'il se rend au Globe Trotter à Montalivet.

Il s'est totalement moulé dans son personnage dont il accentue délibérément les aspects les plus caricaturaux. Le paternalisme qu'affiche dans le scénario OSS 117 envers les indigènes est superbement mis en valeur par la manière qu'a Jean Dujardin de tendre à Slimane, l'employé égyptien de la SCEP, une photographie du bon président René Coty, sorte d'image républicaine analogue aux images pieuses qu'on glissait autrefois dans les missels. René Coty, sénateur-maire du Havre et dernier président de la défunte Quatrième République, était un brave homme et jouissait d'une indéniable popularité en France. À ceci près qu'il manquait totalement de charisme et qu'on l'imagine mal être l'objet d'un quelconque culte de la part des anciens colonisés.

Face à Larmina, son assistante cairote, incarnée par Bérénice Béjo, compagne à la ville de Michel Hazanavicius, Jean Dujardin/OSS 117 multiplie les déclarations racistes et machistes. Durant le tournage, il n'hésite pas à prendre certaines initiatives. Lors d'une scène qui se déroule dans les locaux de la SCEP, au lieu de dire phonétiquement à propos de son associé « Jack est en Jordanie », il dit « Jack est en Djordanie », version qui sera conservée au montage. De même, il tourne plusieurs versions de sa bagarre avec le muezzin, filmée de près et de loin, avant de fortement conseiller à Michel Hazanavicius de conserver la version qui le montre de loin, plus efficace sur le spectateur.

Son implication sidère Michel Hazanavicius : « Nous avons travaillé dans une confiance mutuelle absolue. J'adorais le voir aller regarder au combo entre les prises, voir son œil pétiller. C'est un acteur fabuleux, précis, charismatique. Il habille le plan, sa présence structure l'image et il travaille tous les aspects de son jeu… De plus, il est l'un des seuls en France sur le créneau un peu déserté du beau mec viril. Il est un des rares à pouvoir incarner les héros ».

Au Maroc, lors de la dernière journée de tournage, Jean Dujardin se surpasse dans l'excès. Il doit jouer avec Saïd Amadis la scène où OSS 117 informe le représentant des autorités égyptiennes de la possible livraison aux Aigles de Khéops, ennemis du régime, d'une cargaison d'armes soviétiques. Les deux hommes échangent en français et en arabe et partagent un narguilé où il n'y a pas que du tabac. Le kif aidant, OSS 117 se lâche et, idiot sublime, fait la leçon à son interlocuteur, lui affirmant que lui et les siens ne sauraient se passer de leurs anciens maîtres, qui leur ont apporté l'ordre et le progrès. Jean Dujardin en rajoute sur le second degré, de manière à provoquer chez son interlocuteur et partenaire une réelle tension et une véritable colère. La tension est aisément perceptible, vite désamorcée dès que les caméras cessent de tourner.

C'est l'un des grands moments du film, avec la scène où on le voit, lors de la réception à l'ambassade britannique, qui reprend la réception donnée par David Niven à l'ambassade britannique de Pékin pour les *55 jours de Pékin*, interpréter, oud à la main, une version arabe de « Bambino »[1]. Créatrice en France de la chanson, Dalida était une Italienne du Caire et ce peut être un clin d'œil à la diva disparue ou une parodie du pitoyable « Y'a Mustafa » de Dario Moreno, prototype d'une certaine chanson « coloniale ». Mais on peut aussi y voir un bel hommage rendu à une série de chanteurs « orientaux » des années 1950 tels Lili Boniche,

1. Suivi d'une interprétation en arabe d'« Un clair de lune à Maubeuge », chanson écrite par Bourvil.

le père de Robert Castel, Salim Halali, Line Monty ou Reinette l'Oranaise qui, au début des années 2000, font leur come-back dans les faveurs d'un certain public. Come-back ou *nahda*, « renaissance », si l'on veut rester dans une certaine veine.

Cette scène, à laquelle le public des séances d'avant-première du film fera un véritable triomphe, montre que *OSS 117 : Le Caire, nid d'espions* répond parfaitement à la définition qu'en donnait Jean-François Halin : « On peut voir le film comme un film d'espionnage, un film d'époque, une comédie d'action, une comédie de dialogue, le tout avec un regard décalé et un peu ironique sur ce temps-là. Sans aucune prétention, je trouvais également intéressant d'aborder certaines questions actuelles sous un angle léger. L'idée n'était pas de rire de quelqu'un mais avec tout le monde. Notre volonté à tous était de faire un film frais, du vrai cinoche qui vous amuse et vous emmène dans une Égypte digne de Tintin ou de Blake et Mortimer[1]. »

Le pari est tenu, largement tenu. Les producteurs Éric et Nicolas Altmayer vont pouvoir respirer. Ils ont investi beaucoup d'argent dans

1. Cf. http://www.allocine.fr/film/fichefilm-582241/secrets-tournage.

le film dont le budget dépasse les 14 millions d'euros. *OSS 117* sort le 19 avril 2006. Dès les premiers jours, c'est un triomphe. Les spectateurs sont attirés par la phrase choc de la bande-annonce : « Un peu de Sean, beaucoup de conneries. » Ils se précipitent dans les salles, même si la température ambiante, très chaude, invite plus à aller se promener qu'à s'enfermer dans un espace clos. Le bouche à oreille fait rapidement son effet. Ceux qui ont encore des réticences à montrer qu'ils s'intéressent à *OSS 117* surmontent ce handicap dès lors qu'ils voient leurs proches leur vanter cette version très second degré. C'est un énorme succès populaire : 2 295 169 entrées durant sa durée d'exploitation en salle.

Les esprits chagrins noteront que *OSS 117* fait 2 millions d'entrées de moins que *Brice de Nice*. Les autres observeront que Jean Dujardin sort enfin de son purgatoire. Pour une fois, la critique l'encense. Et tombe à bras raccourcis sur l'acteur qu'elle avait porté aux nues l'année précédente, Clovis Cornillac, à l'affiche, en avril 2006, d'un autre remake, *Les Brigades du Tigre*. C'est à qui s'acharnera sur le malheureux en donnant comme contre-exemple à suivre un certain… Jean Dujardin.

Ainsi, dans *L'Express*, Éric Libiot, alors responsable des pages culturelles, y va de sa comparaison : « Il y a deux façons de regarder en arrière. La première consiste à regarder en arrière ; la seconde à regarder devant soi. Ce n'est pas très clair ? Bon, alors prenons deux exemples qui font l'actualité, *Les Brigades du Tigre* de Jérôme Cornuau et *OSS 117 : Le Caire, nid d'espions* de Michel Hazanavicius... Dans les deux histoires, il y a des méchants (en 1907, des anarchistes, en 1955, à peu près tout le monde), des péripéties, du spectacle, du plaisir à raconter, des comédiens (Clovis Cornillac, Olivier Gourmet, Édouard Baer, Jean Dujardin, Bérénice Béjo...). Ce n'est déjà pas si mal. C'est même bien. Mais, s'il faut un vainqueur, ce sera *OSS 117 : Le Caire, nid d'espions*. Le problème des *Brigades du Tigre*, c'est qu'elles regardent trop en arrière (ah ! nous y voilà enfin !). Le bouton de guêtre est à sa place, le moteur à manivelle et la boxe à la française. Rien ne manque, si ce n'est un appel d'air frais et une petite musique d'aujourd'hui. *OSS 117*, lui, ne les a pas oubliés, tendant la main au passé pour mieux résonner de l'époque actuelle. Ce qui procure sourires et rigolades. Et preuve que, au cinéma comme ailleurs, si le présent s'éclaire à la lumière du passé, l'inverse est également vrai [1]. »

1. Cf. *L'Express*, 13 avril 2006.

Dans *Le Parisien*, Pierre Vavasseur qui, il est vrai, ne lui a jamais ménagé ses compliments, parle d'une « véritable dentelle, d'un travail au petit point, d'un plaisir total [1] ». Il est le premier à révéler que Jean Dujardin n'a pas hésité à plonger dans les eaux du port de Casablanca. Pour lui, « *OSS 117* consacre définitivement Jean Dujardin, révélé au public par la série *Un gars, une fille*, comme l'un des plus éblouissants et des plus subtils acteurs français ».

Est-ce une parole de fan, dont Dujardin et les Nous Ç Nous se moquaient dans leurs sketchs ? Pas sûr. Son avis est largement partagé par d'autres censeurs, habituellement plus sévères et réticents. Emmanuel Burdeau, des *Cahiers du Cinéma*, n'hésite pas à écrire : « Un miracle, c'est ce qu'évoque la réussite du film... Précis, dessiné au pinceau fin, *OSS 117* ranime ainsi une catégorie sinistrée ici, celle du divertissement haut de gamme. » Venant d'une revue aussi collet monté, cela a valeur d'approbation et, éventuellement, d'absolution pour les péchés antérieurs contre le septième art, *Brice de Nice* par exemple.

Dans *Rolling Stone*, Grégory Alexandre retrouve un enthousiasme qu'il n'avait pas manifesté en 2005 : « Un rôle en or pour Jean

1. Cf. *Le Parisien*, 19 avril 2006.

Dujardin, plus claque-guiboles que Clark Gable dans cette parodie hilarante des films d'espionnage… C'est dire combien on aime. » *Le Monde* lui-même y va de son éloge sous la plume d'Isabelle Régnier : « Toute la réussite (du film) tient à la manière dont son sujet et le traitement qui en est fait permettent d'exploiter les situations comiques jusqu'à la corde sans jamais les user. C'est le secret des grandes comédies. » Là encore, cette approbation a valeur de bâton de maréchal.

Didier Peron, dans *Libération*, s'en sort par une pirouette évoquant un « tressage baroque de la raillerie et de la sincérité qui fait de ce film, *a priori* mineur, une passionnante variation sur la richesse critique des clichés ». C'est un grand résistant. Même sous la torture, on ne lui arrachera pas un mot d'approbation ouverte de Jean Dujardin. *Ouest-France* parle d'un « jouissif divertissement qui réunira toutes les générations dans un même rire ». Alain Spira, dans *Paris Match*, brocarde gentiment les contempteurs de *Brice de Nice* : « Décalée, kitsch, souvent très drôle, truffée de gags hilarants, cette comédie rétro et active ne mérite pas d'être "cassée". »

Dans *Positif*, Fabien Baumann concède : « C'est désinvolte, second degré, un brin incorrect… joliment ouvert », imité dans *Première* par Matthieu Carratier, désormais revenu de ses préventions et qui crie au miracle : « Il s'en dégage une bonne humeur étonnamment moderne, presque raffinée, qu'on a normalement autant de chances de trouver dans une comédie française que de mourir écrasé par un distributeur de boissons »…

Dans *Zurban*, Charlotte Lipinska, d'habitude peu encline à l'amabilité, écrit : « De gags grotesques en répliques qui tuent, le film est hilarant et pastiche avec allégresse les films d'action des années 1950. » Même état de grâce pour Guillemette Olivier-Odicino de *Télérama* : « Ce film plus ambitieux qu'il n'y paraît est à l'image de Jean Dujardin : un détonnant mélange de bouffonnerie et d'élégance. » C'est bien la première fois que l'hebdomadaire se fend d'un tel compliment envers l'interprète de Loulou. Celui-ci est rentré en grâce, les fêtes de Pâques ambiantes s'y prêtaient d'ailleurs. Le voilà ressuscité, revenu sur le devant de la scène, adulé, salué, félicité, complimenté comme l'armée française dans un refrain de la Belle Époque.

6

# Contre-emploi

Revenu en grâce auprès de la profession, Jean Dujardin n'a pas l'intention de se laisser enfermer dans le personnage de *OSS 117* même s'il devine que le film aura une suite. Le succès est tel que les producteurs ne peuvent que déjà songer au numéro 2. Pour l'heure, il finit d'interpréter *Deux sur la balançoire* au théâtre Édouard VII. L'expérience théâtrale a été enrichissante mais éprouvante, « lessivante ». Elle lui a surtout appris que sa véritable place est au cinéma. C'est là qu'il peut le mieux donner la pleine mesure de son talent, jouer sur les différents registres de sa personnalité, en répondant aux propositions que lui font des amis de longue date ou de nouveaux venus. On vient le chercher, il ne sollicite pas un metteur en scène. Pas encore.

Jean Dujardin a le culte de l'amitié. Il se fâche très rarement avec ses partenaires et leur manifeste une exigeante fidélité. Ce n'est toutefois pas un homme de réseaux comme peuvent l'être certains de ses pairs. Il ne planifie pas sa carrière. Quand il tourne un film, il ignore souvent ce qu'il fera après. Être désœuvré ne l'inquiète pas. C'est un moyen pour lui de prendre quelques moments de repos, de se consacrer à ses enfants, de voir de bons films ou de passer des soirées avec des copains. Il n'a pas l'angoisse de la page blanche sur son agenda. Cette relative disponibilité lui permet de répondre présent pour donner, le cas échéant, un coup de main à un vieux copain.

C'est le cas quand James Huth, le réalisateur de *Brice de Nice*, lui propose un petit rôle dans *Hellphone*, un film destiné plus particulièrement au public adolescent. C'est une sorte de conte initiatique centré autour d'un étrange instrument, le téléphone portable, qui a fait irruption dans la vie de nos contemporains et y a pris une telle place qu'on imagine mal ce qu'était l'existence avant lui. Par rapport aux autres acteurs, il fait figure d'ancêtre, de dinosaure. C'est une manière pour lui, à travers ce *teen movie*, de prendre conscience qu'il a vieilli, qu'il a définitivement rompu avec l'enfance et l'adolescence, qu'il est passé de l'autre côté du miroir. Le film n'est pas un succès, à peine 288 888 entrées. La critique est plus que réservée mais l'épargne, lui. Peut-être parce qu'elle attend d'avoir de meilleures cartouches pour continuer son travail de sape.

Le 7 mars 2007, Jean Dujardin est à l'affiche d'un film ambitieux, *Contre-enquête*, tourné l'année précédente, après son départ du théâtre. Il est signé Franck Mancuso, un inconnu dans le monde du cinéma ou presque. C'est un ancien flic. Pendant deux décennies, il a été policier à la brigade des stupéfiants, à la division anti-terroriste et à l'office central de répression du banditisme. Alors qu'il était en poste au mythique 36, quai des Orfèvres, il a fait connaissance du « commissaire Moulin », incarné par Yves Rénier. Il sympathise avec l'équipe et leur sert bientôt de conseiller technique. Il est associé de près à l'écriture des scénarios et finit par en écrire un, *Les Zombies*, qui obtient un fort succès d'audience. L'audimat lui fait raccrocher son flingue et il se met en congé de disponibilité de la police pour se consacrer à l'écriture et à la réalisation.

Quelques anciens collègues ne lui pardonneront jamais cette « trahison ». Il a déserté, préférant l'univers douillet du showbiz à celui, plus rude, des flics. D'autres l'encouragent. Au moins, cela évitera à certains réalisateurs de commettre des bourdes et de donner des policiers une image caricaturale. Dans les commissariats, Moulin et Navarro ne font pas toujours l'unanimité.

Pour son premier film, Franck Mancuso traite d'un sujet douloureux : le meurtre d'une gamine par un détraqué sexuel. C'est un sujet qui lui tient à cœur. Il a une petite fille et cette paternité l'a fait mûrir, lui a permis d'acquérir un plus grand sens des responsabilités. Elle a aussi suscité chez lui des peurs et des inquiétudes. Que ferait-il s'il était jamais confronté à la disparition de son enfant, de la chair de sa chair ? Un sujet de nature à sensibiliser Jean Dujardin, lui-même père de famille et très attentif à tout ce qui concerne ses deux fils.

Dans son précédent métier de flic, il est arrivé à Franck Mancuso d'enquêter sur des infanticides. Quelques-uns ont défrayé la chronique et fait la Une des journaux. Il a vu des parents basculer du jour au lendemain dans la tragédie, voir leur vie jusque-là heureuse être bouleversée de fond en comble, devenir un cauchemar dont ils ne parviennent plus à s'échapper. Ils sont passés en quelques secondes du paradis à l'enfer, sans arrêt à la case purgatoire. Cette irruption de la tragédie dans une vie jusque-là heureuse est l'un des points forts du film et Jean Dujardin est frappé par la qualité du scénario ainsi que par la possibilité pour lui de sortir enfin de son rôle d'amuseur public pour incarner un être frappé dans ce qu'il a de plus cher et de plus précieux.

Franck Mancuso le reconnaît : marqué par ces affaires souvent sordides, il a voulu en savoir plus pour trouver une réponse à ses propres interrogations et doutes. « Je me suis souvent mis à la place de ces familles. Je me suis demandé ce que je ressentirais dans leur situation, comment je réagirais. C'est une projection de ce que j'ai envisagé, de ce que j'ai redouté et de tout ce que j'ai vécu. C'est une fiction au confluent de bien des réalités humaines et j'ai eu vingt ans pour en mesurer la réalité et l'intensité. Cette histoire est à la croisée d'une expérience de flic, d'une affection de père et d'une envie de raconter des histoires [1]. »

Franck Mancuso conçoit son héros, un flic, Malinowski, en fonction de Jean Dujardin. C'est à lui qu'il envisage de confier le rôle. Dans un premier temps, poussant très loin l'identification, il avait songé à un acteur ayant son âge, la bonne quarantaine. Il n'a pas trouvé parmi les acteurs français de l'époque celui qui conviendrait. Cela l'a conduit à revoir son personnage

1. Cf. http://www.allocine.fr/film/fichefilm-582241/secrets-tournage.

et à le rajeunir. À ses yeux, un trentenaire ferait mieux l'affaire. Il serait plus fragile, plus tourmenté, encore plus bouleversé par le drame qui s'abat sur lui alors qu'il a eu à peine le temps de voir grandir son enfant. Jean Dujardin, qu'il a vu dans *Le Convoyeur* de Nicolas Boukhrief, lui paraît l'acteur idéal pour incarner Malinowski. Il a aimé son jeu, sa gravité, et a deviné ses potentialités.

Sa rencontre avec Jean Dujardin lui confirme que son intuition était la bonne. Il est littéralement bluffé par l'acteur, par son sérieux, mais aussi par sa modestie et par son envie de sans cesse se dépasser. Il est tellement enthousiaste qu'il conclut que Jean Dujardin aurait pu faire un très bon flic. Ce n'est pas un mince compliment de sa part.

Depuis le début des années 2000, l'image du flic, à la télévision, dans le cinéma ou les livres, s'est profondément modifiée. Maigret, Bourrel, Navarro et Moulin ont fait leur temps. Ce sont des policiers de la vieille école, des dinosaures confits dans leurs tics et leurs habitudes. On privilégie désormais des flics plus *borderline*, alcooliques ou ex-alcooliques, rongés par des doutes existentiels, traînant leur mal-être comme une sorte de marque de fabrique, grands amateurs de rock ou de *bel canto*, à la sexualité parfois ambiguë, capables même, dans certaines circonstances, de passer de l'autre côté de la barrière, comme le montrent les héros de l'excellent *Sombre sentier* de Dominique Manotti. Le succès en librairie des livres de Henning Mankell, qui a créé le personnage du commissaire Wallander, est assez symptomatique de ce nouvel état d'esprit. Les flics ne sont plus des parias, des mal aimés, les représentants d'un ordre anachronique. On peut s'identifier à eux, aimer leur métier, partager leurs préoccupations et trouver une certaine noblesse à une profession qui s'apparente à un sacerdoce. Des années plus tard, Maïwenn utilisera cette veine pour son film, *Polisse*, consacré à la vie de la brigade des mineurs du XIX^e^ arrondissement avec, parmi les inspecteurs, un certain Joey Starr, prodigieux dans ce rôle auquel rien ne semblait le destiner.

Le personnage de Malinowski, tel que conçu par Franck Mancuso, séduit Jean Dujardin. Il devine que c'est l'occasion en or pour lui de relever un nouveau défi et de progresser dans la maîtrise de son métier. C'est ce dont il est le plus reconnaissant envers le réalisateur : « J'ai pu explorer et apprendre davantage mon métier. Ce rôle m'a appris à me faire confiance, à épurer, à lisser mon jeu le plus possible, à me fondre dans la situation pour simplement raconter l'histoire. »

Jean Dujardin sait que le rôle lui permettra de franchir une étape décisive, assumer son âge et, au fond, s'assumer lui-même, accepter ce qu'il est devenu, se réconcilier définitivement avec l'image que se font de lui les autres : « Plus le personnage est proche de soi, plus c'est compliqué. On touche alors à ses propres doutes, à ses angoisses, à sa pudeur. Je n'aurais peut-être pas accepté ce film il y a seulement deux ans. Aujourd'hui, j'ai plus de maturité et je suis aussi un peu plus serein. Des gens comme Franck Mancuso s'en sont d'ailleurs aperçus avant moi [1]. »

Perfectionniste en diable, Jean Dujardin se prépare soigneusement à cette nouvelle aventure. Il effectue un stage au 36, quai des Orfèvres, où il rencontre les anciens collègues de Franck Mancuso. C'est l'occasion pour lui de découvrir de l'intérieur le monde de la Crim'. L'accueil est chaleureux. C'est la rencontre entre Maigret et OSS 117. Les policiers apprécient que Jean Dujardin se montre autant à leur écoute et, surtout, qu'il fasse preuve d'une grande modestie et d'une grande simplicité. Ce n'est pas une vedette qui condescend à leur rendre visite, c'est un élève qui veut tout savoir

1. Cf. http://www.allocine.fr/film/fichefilm-582241/secrets-tournage.

mais qui sait aussi faire preuve de convivialité. Les pitreries de l'artiste font merveille, les langues se délient et les flics lui font de précieuses confidences sur leur quotidien, leur manière de gérer leur stress, leur comportement vis-à-vis des suspects, leurs rapports, parfois conflictuels, entre eux ou avec leur hiérarchie. Dujardin est une éponge, il absorbe tout ce qu'il apprend et s'en sert lors du tournage comme s'il avait été flic toute sa vie.

Il va au-delà du strict nécessaire. Il suit ainsi une préparation physique intensive avec le service de protection des hautes personnalités. À vrai dire, il aurait pu s'en dispenser. Le film ne comprend pas de scènes de bagarres violentes. Mais ce stage, c'est un plus qu'il ne se refuse pas.

Le tournage se déroule en région parisienne et à Bordeaux, une occasion pour Jean Dujardin de retrouver le Médoc de son enfance. Mancuso commence à travailler alors que son héros achève les dernières représentations de *Deux sur la balançoire*. Jean Dujardin fait son apparition sur le plateau une semaine après le début du tournage alors que l'équipe est déjà soudée et a trouvé ses marques. La première journée est éprouvante. On filme la scène clef du film, celle où Malinowski découvre le cadavre de sa fille, tuée dans un bois, près de son domicile.

Mancuso s'est demandé s'il ne valait pas mieux modifier du tout au tout le plan de travail, tourner une autre scène, moins pénible pour Jean Dujardin. Il comprend assez vite que ce serait une mauvaise idée. Mieux vaut jeter l'acteur dans la fosse aux lions, voir ce qu'il a dans les tripes, les lui faire sortir, exiger de lui qu'il donne tout dès le premier jour. Le résultat est superbe. De plus, il soude les relations entre Mancuso et son acteur. Ce dernier aime qu'on soit aussi exigent que lui et qu'on ne le ménage pas. D'accord, il a un nom et n'est plus un simple figurant. Reste qu'il a horreur qu'on le traite en vedette.

Même s'il est déconcertant, le scénario est brillant et le casting excellent. Agnès Blanchot, compagne à la ville de Franck Mancuso, joue la femme de Malinowski. Elle est excellente tout comme le tueur présumé, Daniel Eckmann, incarné par Laurent Lucas, parfait dans le rôle du manipulateur pervers qui se retrouvera pris à son propre piège.

Jean Dujardin se surpasse. Il entre dans la peau du policier qui se sent responsable de la mort de sa fille. Plutôt que partir en balade avec elle, comme il le lui avait promis, il a préféré voler au secours de l'un de ses indics interpellé par la brigade des stupéfiants. À son retour, le ciel s'abat sur sa tête. Pétrifié de douleur, il tangue, assiste au procès de l'assassin présumé et tente de se reconstruire, plus exactement de survivre. Jusqu'à ce qu'une autre affaire vienne nourrir ses doutes. Eckmann n'est-il pas, comme il le clame dans ses lettres, la victime d'une énorme erreur judiciaire ? Ne faut-il pas prendre en compte ses appels à l'aide, d'autant que le condamné n'exige rien ? Il se contente de suggérer, tout en usant habilement avec d'autres de son image de repenti qui a trouvé dans la foi le chemin de la rédemption et du pardon des offenses. C'est un tigre qui se mue en chat de bonne compagnie.

Malinowski feint de tomber dans le piège. À vrai dire, en apparence, il s'est laissé abuser par Eckmann avec qui il entame une correspondance et en faveur duquel il vient témoigner lors du second procès, fort des résultats obtenus tout au long de sa contre-enquête. Le dénouement est surprenant et montre que la vengeance peut transformer un policier en criminel.

Dans ce rôle de flic rongé par la douleur et torturé par le doute, Jean Dujardin est tout simplement éblouissant. Il ne surjoue pas, il est l'incarnation même de la souffrance et du chagrin. Il montre pour ceux qui en doutaient encore qu'il n'est pas un simple amuseur public. C'est un écorché vif, capable de gravité et d'épaisseur. On est très loin du simple rôle de composition qu'il avait dans *Le Convoyeur*. Il est définitivement passé dans la cour des grands.

Le film est un succès, 961 607 entrées en salle. La critique est partagée. Beaucoup saluent la performance de Jean Dujardin. Rares sont ceux qui trouvent le film excellent. C'est le cas de Brigitte Baudin dans le *Figaroscope* qui évoque « un polar musclé avec une intrigue bien ficelée, un suspense qui ne mollit pas jusqu'à la dernière seconde, des personnages authentiques et bien dessinés ». Dans *Métro*, Jérôme Vermelin renchérit : « Sans esbroufe visuelle, mais conduit par une intrigue maligne, privilégiant l'étude psychologique des protagonistes… Un coup d'essai réussi. »

Les autres tirent à vue. C'est le cas, plutôt surprenant, d'Alain Spira dans *Paris Match*. Jusque-là, Spira a toujours dit du bien de Dujardin et des films auxquels il participait. Cette fois, il ne cache pas sa déception : « On connaissait les effets spéciaux, ici, on connaît les effets spécieux. » Dans *Score*, Romain Cole n'est guère aimable : « La réalisation est scolaire au mieux, téléfilmesque au pire. Dujardin n'arrive pas à créer l'événement attendu et le scénario – bien que surprenant à la fin – est prodigieusement plat. » Dans *Les Cahiers du Cinéma*, Vincent Malausa évoque un « pauvre Navarro

Spirit » tandis qu'un autre critique parle de « contre-emploi dujardinesque ».

Dans *Le Parisien*, Marie Sauvion distribue une volée de bois vert : « Platitude de l'intrigue, lourdeur des dialogues, faiblesse de l'interprétation, on supporterait tout cela sans broncher s'il n'y avait pas la scène de l'enterrement. » Cette sévérité est partagée par Charlotte Lipinska de *TéléCinéObs* (« Au mieux, irresponsable et douteux. Au pis, détestable et dangereux. ») et par Pierre Murat dans *Télérama* (« On reste constamment à la surface des choses et des êtres. Jean Dujardin a beau l'interpréter avec ferveur, son personnage reste convenu, artificiellement ambigu. »). La palme de la mauvaise foi revient tout de même à Bruno Bayon dans *Libération* : « Aussi peu réaliste que morale, l'intrigue hésite à s'installer (enquête), monter (contre-enquête), et descendre (fin), payant évidemment le rapprochement obligé avec *OSS 117 : Le Caire, nid d'espions*, fleuron de notre agent Dujardin. »

Après *Brice de Nice*, c'est *OSS 117* qui poursuit désormais Jean Dujardin que d'aucuns veulent confiner dans un seul genre. Il en faut plus pour le décourager. Le 26 septembre 2007, il est à l'affiche du nouveau film de Jan Kounen, *99 francs*, adapté du roman éponyme de Frédéric Beigbeder, paru en 2000 chez Grasset, un réquisitoire autobiographique contre le monde de la publicité et des publicitaires.

En quelques années, ce livre était devenu une sorte de serpent de mer du cinéma français. Tout le monde voulait l'adapter et personne ne s'y risquait. Un temps, Antoine de Caunes avait été pressenti et avait songé à Mathieu Kassovitz pour incarner le héros, Octave Parango. Ce publicitaire, lassé par son métier, multiplie les provocations pour se faire renvoyer et accumule paradoxalement les succès qui le propulsent encore un peu plus haut dans sa carrière, jusqu'à ce qu'il soit rattrapé par son passé. L'affaire ne s'est pas faite. Un temps, certains réalisateurs ont même songé à confier à Frédéric Beigbeder lui-même le soin d'écrire le scénario de *99 francs* et d'y tenir son propre rôle. Il a hésité et fini par refuser.

De quoi provoquer la colère du producteur Alain Goldman. Il tient à son projet. Pour lui, *99 francs* n'est pas un simple bon coup, une occasion d'engranger de formidables recettes. C'est un moyen de réfléchir sur le fonctionnement de la société française contemporaine et sur l'humaine condition : « J'avais trouvé le livre génial. Il m'avait fait beaucoup rire. Mais, au-delà de l'aspect chronique de la fin des années 1990, ce livre m'intéressait parce qu'il traitait de la prise de conscience de la détérioration de l'environnement et du fait que la consommation n'est pas la finalité de l'être humain, qu'être est aussi important qu'avoir[1]. »

Il est donc tout disposé à attendre pour produire un film déjanté et drôle. Il lui faut juste trouver le réalisateur *ad hoc* et l'acteur. Il trouve le premier en la personne de Jan Kounen auquel on doit *Blueberry*, une adaptation de la BD de Jean Giraud, Moëbius. C'est d'ailleurs alors qu'il tourne *Blueberry* qu'il entend parler du projet d'Alain Goldman et de ses contacts avec Antoine de Caunes : « C'est la lecture du bouquin qui m'a donné envie de faire le film. Un film sur notre monde, sur la société de consommation. La partie artistique du film m'intéressait, car elle m'offrait l'opportunité d'expérimenter, d'être pleinement créatif par rapport à la matière. On me proposait en tant que cinéaste de faire quelque chose que je n'aurais pas fait de moi-même : aller dans un univers mental – alors que j'étais dans un univers contemplatif – et changer de mode de fonctionnement. »

Jan Kounen est d'autant plus disposé à relever le défi que le monde de la publicité ne

1. Cf. http://www.allocine.fr/film/fichefilm-582241/secrets-tournage. Les citations des pages suivantes proviennent de ce site.

lui est pas inconnu, loin de là. C'est là qu'il a fait ses premières armes. Prudent, Frédéric Beigbeder s'était réservé un droit de regard sur le choix du réalisateur, du scénariste et des acteurs. Il donne son *imprimatur* à Jan Kounen. Il a vu certains de ses documentaires, notamment *Darshan – l'étreinte* et *D'autres mondes* et apprécie la quête spirituelle qui sous-tend son travail. Kounen est en recherche de lui-même tout comme Octave Parango. Beigbeder le tient pour un réalisateur de génie et se félicitera ultérieurement de ce que Kounen ait réussi à s'approprier totalement son livre pour « en faire une œuvre intime et personnelle ».

Alain Goldman a donné carte blanche à Jan Kounen pour le choix de l'acteur principal. Dès la lecture du scénario, le réalisateur est persuadé qu'il lui faut Jean Dujardin : « Je l'avais vu dans *Brice de Nice* et je trouvais qu'il avait une capacité extraordinaire à faire aimer un imbécile arrogant. Or il se trouve que, dans *99 francs*, j'avais besoin de faire aimer un intelligent sensible arrogant, et ce après l'avoir d'abord rendu détestable ! Comme le dit Octave : "J'espère que vous me détesterez pour mieux détester l'époque qui m'a créé." »

Contacté, Jean Dujardin se montre très réceptif. Il a lu le livre de Frédéric Beigbeder et l'a aimé. Pourtant, il ignore tout du monde de la publicité ou presque. Il est l'un des rares acteurs français de son niveau à n'avoir pas prêté sa voix ou son visage pour vanter les mérites d'une voiture, d'un *after-shave* ou d'une marque de biscuits. C'est un choix personnel. Cela dit, il ne peut oublier que Loulou, son personnage d'*Un gars, une fille*, dirigeait une petite société de multimédias et de publicité…

Là encore, c'est surtout le côté défi de l'entreprise qui le séduit : « C'est un projet rare. Très rare. Comme références, toutes proportions gardées, il y a *Fight Club*, *Trainspotting*. Ça vaut le coup de se défoncer cinquante-quatre jours pour ça. » On le voit, il place très haut la barre. Comme s'il voulait se persuader qu'il a tout à gagner dans cette nouvelle aventure. C'est aussi un moyen de répondre aux objections que lui font certains de ses proches. Ils craignent qu'il ne casse son image et ne se fourvoie alors qu'il a su remonter la pente après la pluie de critiques acerbes que lui a valu *Brice de Nice*. Il tient bon. Cela se sait.

Frédéric Beigbeder est enthousiaste. Il adore Jean Dujardin et, surtout, il lui est profondément reconnaissant de prendre un tel risque. Il est conscient que sa réputation sulfureuse n'est pas forcément le plus beau cadeau qu'il puisse offrir à son acteur fétiche. Il l'adoube donc en le noyant sous un flot d'éloges : « Il faut remercier Jean d'avoir pris ce risque. Quand le film aura eu un grand succès, tout le monde trouvera ça logique, mais il a été très courageux de faire ici de l'humour méchant. Jusqu'ici, il pratiquait un humour reposant sur l'absurde, la naïveté, la parodie. Là, il inaugure un ton nouveau : il est cynique, arrogant, puissant, dangereux... C'est très intéressant. C'est un tournant pour lui. Il a eu raison de foncer, de ne pas avoir peur. »

C'est finement observé. Jean Dujardin rompt délibérément avec son image de gentil amuseur public. Il montre que le comique ne se confond pas obligatoirement avec la drôlerie, la farce, la dérision ou le rire gras. Il donne dans le grinçant comme le faisait, avant lui, Jean Yanne. Le pari était risqué mais il est couronné de succès. En salle, le film fait 1 231 520 entrées. C'est désormais l'étiage moyen d'un film où Jean Dujardin est à l'affiche. Il est maintenant « bankable ». Sa présence dans un film n'est plus simplement une surprise, c'est un plus.

La critique est cette fois quasi unanime, à l'exception de *Libération*, *Télérama*, *Les Cahiers du Cinéma* et *Positif*. On ne sait trop s'ils détestent plus Jan Kounen et Frédéric Beigbeder que Jean Dujardin. Ils persistent et signent dans leur rejet, tout comme Alain Spira de *Paris Match*, inconsolable de la disparition du Jean Dujardin des débuts. *Le Monde*, *Le Figaro, Le Figaroscope* et *Elle* font l'éloge du film et de son acteur principal. Idem pour Pierre Vavasseur du *Parisien* pour lequel « le résultat est une excellente surprise, bourrée d'idées du début à la fin, trash mais pas trop, déjantée mais pas trop, et cinématographiquement riche en tentatives de tous genres ». Dans *Le Journal du Dimanche*, Carlos Gomez ne ménage pas ses compliments : « La caméra inventive de Jan Kounen fait honneur à la plume de Beigbeder, la trahissant en partie, mais pour lui faire un bel enfant. Jean Dujardin... continue à s'amuser et pousse un peu plus loin encore son talent caméléon. » Dans *Télé 7 Jours*, Julien Barcilon jubile : « Jan Kounen dégoupille une satire corrosive, (im)pertinente et divertissante. Mais ce missile anti-pub vaut surtout par le numéro trashi-comique de Jean Dujardin. » C'est joliment trouvé, ce « trashi-comique », lui va comme un gant.

Avec *Contre-enquête*, Jean Dujardin a renoué avec le monde du polar. Il le retrouve lorsqu'il tourne en mai 2007, à Paris et dans le sud de la France, *Ca$h*, réalisé par Éric Besnard, le scénariste du *Convoyeur*. Les deux hommes ne sont jamais perdus de vue et se sont promis de retravailler ensemble. Ils partagent la même passion pour le cinéma américain des années 1960 et

1970, notamment *L'Arnaque*, *Butch Cassidy* et *L'Affaire Thomas Crown*.

Éric Besnard veut faire un film « champagne » où ses héros évoluent dans le monde du luxe. Il le dit : « Mes seules exigences très marquées portaient sur le choix des décors et j'en avais discuté avec le producteur. Le luxe des décors devait être ressenti. La dynamique est une autre composante de la mise en scène du film. La caméra est souvent mobile, parfois les décors s'associent à cet élan, comme pour le dîner sur le bateau… Le luxe ne devait rien avoir d'ostentatoire. Il n'est que l'écrin de l'histoire. Je tenais par exemple à ce que des voitures de luxe passent en arrière-plan. »

Il a prévu de tourner dans plusieurs palaces de la Côte d'Azur, des établissements qui n'ont rien d'un Formule 1. Le budget est conséquent. Pour rassurer les producteurs, Éric Besnard leur fait miroiter la présence, à l'affiche, de grands noms du cinéma. Il y aura François Berléand, Jean Reno, Clovis Cornillac et Jean Dujardin. S'agissant de François Berléand, la chose allait de soi. Éric Besnard lui voue un véritable culte. Dans ses films, il y a toujours un rôle pour son idole. Jean Reno se montre très intéressé par le projet. Il est séduit par le côté complexe du scénario, si complexe qu'on serait bien en mal de pouvoir résumer l'intrigue du film. Elle est quelque peu byzantine.

Éric Besnard tient beaucoup à la participation de Jean Dujardin. Il admire son professionnalisme et son omniprésence sur les plateaux de tournage, son implication auprès du réalisateur. À ceci près que ce rôle-là tranche singulièrement avec ceux qu'il a précédemment joués. Il ne demande pas à Dujardin de jouer sur son registre comique ou sur sa faculté à se mouler dans une composition à contre-emploi, un homme torturé, angoissé. Non, ce qui lui est demandé, c'est d'incarner un séducteur, une icône de beauté et d'intelligence, le beau gosse par excellence. Au risque de sombrer dans la caricature. C'est la première fois qu'un réalisateur accentue et met en valeur le côté *latin lover* de Jean Dujardin sans passer par la parodie comme c'était le cas dans *OSS 117*.

C'est un formidable pari que l'intéressé pourrait refuser par crainte, effectivement, de se laisser enfermer dans l'image du « jeune premier » prometteur, de la belle gueule choisie moins pour son jeu que pour son minois. C'est aussi pour Jean Dujardin l'occasion de prendre conscience qu'il a effectivement un physique, ce dont il n'était pas jusque-là très conscient et qu'il pouvait en jouer pour donner plus d'épaisseur, plus de profondeur à ses personnages.

Avec *Ca$h*, c'est un nouveau Jean Dujardin qui voit le jour.

Il doit en effet réapprendre l'esprit d'équipe. Depuis *Brice de Nice*, Jean Dujardin, promu au rang de premier rôle, a tourné dans des films dont il était le personnage central et qu'il portait littéralement sur ses épaules. On ne voyait que lui. C'est tout le contraire que lui propose Éric Besnard. Il doit partager la vedette avec d'autres grandes pointures du cinéma français, n'être qu'un élément parmi d'autres. À tel point que, durant les premiers jours du tournage, en mai 2007, Jean Reno et Jean Dujardin devront se contenter de tourner des scènes où on les voit marcher dans un couloir ou passer en arrière-plan. De quoi heurter leur susceptibilité. Les vedettes en sont réduites à faire de la figuration !

En fait, cela les amuse beaucoup et soude leur complicité. L'ambiance sur le plateau est chaleureuse et conviviale, en dépit du côté plutôt guindé des lieux. Cela se ressent. Les acteurs, du plus petit au plus grand, s'en donnent à cœur joie et leur jeu laisse transpirer une forme d'allégresse et de grâce qui adoucit le côté trop sophistiqué de l'intrigue. *Ca$h* est un bon film. Certes, le succès est moindre que celui que les producteurs attendaient. Il ne fait, si l'on ose dire, que 1 105 919 entrées.

La critique, elle, est plutôt négative. Elle dénonce un film sur « l'arnaque qui tourne à l'arnaque » (*Positif*) ou un « divertissement plaqué or, à l'image de son casting » (Guillemette Odicino dans *Télérama*). Jean Dujardin n'en a cure. Il est déjà ailleurs.

En 2007, il fait ses premiers pas comme réalisateur de télévision. Il tourne *Palizzi*, une sitcom en plusieurs saisons, qui met en valeur l'un de ses amis, Arsène Mosca, qu'il apprécie tout particulièrement. Cette vision rétro du milieu d'antan est honorable, sans plus.

Début 2008, alors que *Ca$h* sort en salle, il fait une courte apparition dans *Un homme et son chien* de Francis Huster, un film qui marque le retour au cinéma de son idole, Jean-Paul Belmondo, absent des plateaux de tournage depuis un accident vasculaire cérébral. Tout le gratin du cinéma français figure dans le casting. Tous veulent participer à une sorte d'hommage à Bebel, au risque de transformer le film en une sorte d'élégie funèbre avant l'heure. Jean Dujardin n'est pas peu fier d'approcher son héros. C'est la seule chose qu'il retire de cette aventure. *Un homme et son chien* disparaît vite des salles. Il fait à peine 202 264 entrées, un véritable bide.

Incorrigible, Jean Dujardin s'est à nouveau mis en danger. *Ca$h*, *Palizzi* et *Un homme* *et son chien* le font régresser. À moins qu'il n'ait décidé de ne reculer que pour mieux sauter. Ses prochains films vont montrer qu'il a franchi un pas dans sa carrière et qu'il s'est métamorphosé en caméléon en perpétuelle mue.

# 7

# Mister Caméléon

André Hunebelle avait tourné plusieurs *OSS 117*. La tentation était grande pour Michel Hazanavicius de l'imiter. Chacun s'attendait à ce qu'il y ait un une suite. Son coup de génie est d'en faire un qui peut être vu indépendamment du premier et qui n'a rien à voir avec lui. Le ton et le propos sont bien différents. On change en effet totalement de registre et d'atmosphère. Tout d'abord, ce n'est plus la France des années 1950, mais celle de la deuxième moitié des années 1960, un an avant le séisme du mois de mai 1968. Plus qu'une parodie des films d'espionnage classiques, c'est aussi et surtout une interrogation au second degré sur la manière dont la France contemple son passé, plus précisément la période de l'Occupation. *OSS 117 Rio ne répond plus* remet en cause indirectement une certaine version officielle de l'histoire selon laquelle toute la France a été résistante et gaulliste dès le 18 juin 1940, hormis un vieillard sénile (Pétain) et une poignée de misérables (Laval, Déat, etc.).

C'était pourtant la légende dorée à laquelle tenait beaucoup de Gaulle. Quitte à fermer les yeux sur la collaboration d'une partie des élites françaises avec le régime de Vichy et avec les nazis. Mieux valait conserver un silence gêné sur ces aspects peu glorieux. Michel Hazanavicius s'en sert comme point de départ de l'intrigue. La nouvelle mission assignée à Hubert Bonisseur de La Bath ? Récupérer auprès d'un ancien dignitaire nazi installé au Brésil la liste des actuels serviteurs du régime français ayant eu, entre 1940 et 1944, certaines faiblesses. Pour cela, il doit s'associer avec les Israéliens du Mossad qui, eux, veulent s'emparer du bonhomme parce qu'il fut l'un des artisans de la « solution finale de la question juive ».

Contrairement à ce qui s'était passé pour le premier *OSS 117*, Michel Hazanavicius n'intervient pas, cette fois-ci, uniquement en tant que réalisateur. Il coécrit avec Jean-François Halin le scénario et y met beaucoup de lui-même. Il appartient à une génération qui a découvert l'existence d'une autre France, pétainiste, collaborationniste, antisémite. Une France dont il a été beaucoup question à l'occasion des procès Barbie, Touvier et Papon.

C'est de cette France-là dont il veut parler en utilisant le prisme de l'humour, plus spécifiquement celui de l'humour juif. C'est un humour sombre et féroce, avec une bonne dose d'autodérision cruelle, de cynisme et de tragique. Il n'a rien à voir avec l'aristocratique *understatement* britannique ou la gaudriole française. Quand il y est confronté, Hubert Bonisseur de La Bath en donne une définition plus profonde qu'il n'y paraît : « L'humour juif, c'est quand ce n'est pas drôle et qu'il n'y a pas de saucisse. »

Le coup de génie de Michel Hazanavicius, c'est de considérer que cet humour n'est pas un langage codé réservé à quelques *happy few*, mais un mode d'expression accessible à tous. Ce qui compte, ce n'est pas ce que l'on dit, c'est la manière dont on le dit, le but dans lequel on le dit et avec qui on le dit. Cette approche va lui permettre de réaliser l'une des comédies les plus politiquement incorrectes qui soient. Certains dialogues sont de véritables morceaux d'anthologie. Ainsi celui entre Hubert Bonisseur de La Bath et ses partenaires israéliens à propos du chef nazi qu'ils traquent :

« Il sera jugé pour les crimes qu'il a commis.

– Qui sont ?

– Sa participation au génocide.

– Ah oui. Oh ça… Quelle histoire ! »

Ce « quelle histoire ! » est fabuleux, grandiose. Il faut l'avoir osé. Michel Hazanavicius l'a fait, non sans, au préalable, avoir pris soin de le tester auprès de sa mère, survivante de la Shoah. Elle n'est pas montée sur ses grands chevaux et n'a pas poussé des cris d'orfraie.

Il va jusqu'à placer la dérision dans la bouche du nazi traqué par ses anciennes victimes les vers célèbres de Shylock dans *Le Marchand de Venise*, vers dans lesquels le vieux juif reproche à ses persécuteurs leur comportement :

« Un juif a-t-il pas des yeux ? Un juif a-t-il pas des mains, des organes, des proportions, des sens, des émotions, des passions ? Est-il pas nourri de même nourriture, blessé des mêmes armes, sujet à mêmes maladies, guéri par mêmes moyens, réchauffé et refroidi par même été, même hiver, comme un chrétien ? Si vous nous piquez, saignons-nous pas ? Si vous nous chatouillez, rions-nous pas ? Si vous nous empoisonnez, mourons-nous pas ? Si vous nous faites tort, nous vengerons-nous pas [1] ? »

Jean Dujardin adore cette gravité dissimulée derrière la dérision. Il sait peu de choses de

1. Cf. Shakespeare, *Le Marchand de Venise/The merchant of Venice*, édition bilingue, Garnier Flammarion, 1994, traduction de Jean Grosjean, préface par John Russell Brown, acte III, scène 1.

l'Histoire juive et de la Shoah, un peu plus sur l'humour juif découvert à travers les films des Marx Brothers et de Mel Brooks. Comme tous les gamins de sa génération, il a vu et revu *Rabbi Jacob* de Gérard Oury. Il s'est tordu de rire quand Louis de Funès, que son chauffeur refuse de véhiculer parce que le shabbat a commencé, bafouille comme si le ciel lui tombait sur la tête : « Salomon, vous êtes juif ? »

Quand Michel Hazanavicius lui parle de ce *OSS 117* bis, Jean Dujardin n'a qu'une seule envie, participer à ce film très politiquement incorrect. Il n'a pas peur qu'on se méprenne sur ses intentions. Même s'il n'appartient pas à l'espèce des pétitionnaires, le racisme lui est foncièrement étranger, il n'entre pas dans sa grille de lecture du monde. Tout ce qui est intolérance et fanatisme le révulse. Alexandra Lamy lui a longuement parlé des haines cuites et recuites entre papistes et parpaillots [1] dans les Cévennes, avec leur cortège de brimades, d'humiliations et de tueries. Il abhorre tout cela et entend être cru sur parole. Pour une simple raison : lui et ses potes sont des mecs bien, « de bonnes personnes », un point c'est tout.

---

1. Termes péjoratifs utilisés par les deux communautés pour désigner l'autre, les catholiques et les protestants.

Ses futurs spectateurs aussi. Car Jean Dujardin estime son public. Il n'est pas condescendant avec lui, il ne le méprise pas, il ne le considère pas comme un ramassis d'amateurs de grosses blagues bien grasses. Entre eux et lui, il y a une réelle complicité, fondée sur un pacte de confiance mutuelle. Il n'a donc pas peur de ce que va provoquer ce « Desproges filmé par Blake Edwards ».

Jean Dujardin en a longuement discuté avec Michel Hazanavicius. Ils sont d'accord sur tout ou presque. À une seule exception près : le lieu où sera tourné le film. Son action se déroule en 1967, date du déclenchement de la guerre des Six Jours. Michel Hazanavicius avait donc envisagé de tourner le film en Israël. Son coscénariste Jean-François Halin est sur la même longueur d'ondes. Jean Dujardin est en revanche très réservé. Il n'en a pas réellement envie. Ce n'est pas qu'il soit antisioniste ou qu'il n'ait pas envie de se rendre en Israël. Tout simplement, il estime qu'un tel choix parasitera le propos du film. Le cousinage avec l'actuel conflit israélo-arabe ferait perdre à ce nouvel *OSS 117* la naïveté et l'innocence dont il a besoin pour atteindre son objectif. Il a gain de cause, heureusement.

Dans les mois qui précèdent le tournage, Jean Dujardin travaille considérablement son rôle.

Il ne s'agit pas de reprendre les vieilles ficelles du premier *OSS 117* et d'en donner une version légèrement améliorée. *OSS 117 Rio ne répond plus* n'est pas *stricto sensu* la suite de *OSS 117 : Le Caire, nid d'espions*. Les deux films sont indépendants. Ils peuvent se voir séparément. De plus, leur action se déroule à douze années d'écart qui sont presque autant d'années lumière. Le monde a changé tout comme Hubert Bonisseur de La Bath. Il s'est légèrement empâté, les codes vestimentaires ne sont plus les mêmes. Seuls les services secrets français ont traversé les années sans rien perdre de leur inefficacité et de leur suffisance. Ce sont les meilleurs au monde. Même le Mossad peut aller se rhabiller, ses agents n'arrivent pas à la cheville de nos barbouzes vieillissantes. Le patron du SDECE, cette fois-ci, n'est autre que Pierre Bellemare. Claude Brosset, qui tenait précédemment le rôle, est décédé et le choix de Bellemare pour le remplacer s'est vite imposé. À sa manière, il incarne la France des années 1960 et 1970…

C'est lui qui convoque Hubert Bonisseur de La Bath pour lui annoncer sa nouvelle mission et sa nouvelle identité d'emprunt. OSS 117 est plus décontracté, moins vieille France, même s'il suffit de peu pour que le naturel revienne au galop. En tous les cas, ce n'est plus un clone de Sean Connery.

Michel Hazanavicius a demandé à Jean Dujardin de visionner la série des *Matt Helm* et des *Détectives privés* ainsi que les films avec Paul Newman et Dean Martin. L'acteur s'est montré bon élève, très bon élève. Il a tout vu et s'en inspire pour son personnage. Il zappe totalement Sean Connery et prend modèle sur Paul Newman, Roger Moore ou Steve McQueen. C'est de ce côté-là qu'il va chercher son inspiration.

Une fois de plus, il s'astreint à une minutieuse préparation physique. Il a constamment en tête le « buffet Mitchum », la façon remarquable dont Robert Mitchum rentrait son ventre lors des tournages. Jean Dujardin court dans tous les sens, à Paris mais aussi à Rio pour faire bonne figure à la piscine. Le tournage se déroule dans une atmosphère joyeuse. Le dépaysement n'y est pas pour rien. Rio et ses plages sont des lieux mythiques.

L'équipe s'amuse lors de fêtes nocturnes, elle bosse aussi beaucoup. Michel Hazanavicius et Jean Dujardin sont de plus en plus complices. Jean Dujardin le reconnaît : « J'ai besoin de lui plaire, de le faire rire. Michel est juste à côté de la caméra et je sais qu'il me regarde. Je sais que, si ça lui plaît, ça va marcher. »

Le tournage est même l'occasion d'une scène d'anthologie. OSS 117 se retrouve sur une plage en compagnie de hippies – on est en plein milieu des années 1960 – et reçoit des hommages qui ne sont pas tous féminins. Lors de la sortie du film, Jean Dujardin revient longuement sur cet épisode dans l'interview qu'il accorde à *Studio Ciné Live* : « En fait, l'ambiance était très détendue. Au bout de vingt secondes, les figurants qui ne se connaissaient pas ont commencé très naturellement à se rouler des pelles. J'ai halluciné [rires]. Du coup, même si me retrouver à poil sur un plateau n'est pas le truc qui m'éclate, cette séquence reste l'un des plus beaux moments du tournage. Les nanas ont commencé à me désaper, je me suis couché sur le dos d'un mec qui m'a embrassé. Dans mon champ de vision, j'avais Guillaume Schiffman, notre directeur de la photo, qui était mort de rire. C'était un moment de délire total et Michel a eu l'intelligence de laisser la caméra tourner le plus longtemps possible. C'est comme cela qu'à l'écran, tu te retrouves à poil avec un barbu qui te touche le cul en te disant "*tutto bene, tutto bene*"[1]. »

Dans d'autres interviews, il revient sur cet épisode. Pas uniquement pour le fun. Professionnel jusqu'au bout des ongles, il note l'usage

1. Cf. « Jean Dujardin. L'espion qui mimait », propos recueillis par Christophe Chadefaud et Thierry Cheze, *Studio Cine Live*, n° 3, p. 59.

qui pourrait être fait de cette scène pour un nouveau *OSS 117* : « S'il doit y avoir un *OSS* 3, je pense qu'il n'y aura plus d'OSS girls. Le film se passera en Afrique, et il serait aidé par un jeune et beau black de 23 ans ! Il faut rester dans l'idée de s'amuser avec le personnage, de casser les codes. J'aimerais vraiment en faire un troisième – et dernier – qui serait une sorte de *Coup de torchon* avec un OSS vieillissant, portant une chevalière et des lunettes demi-lune. Le film se déroulerait à la fin des années 1970, sous Giscard et Bokassa [1]. »

On attend avec impatience cette version africaine qui devrait permettre à Michel Hazanavicius, Jean-François Halin et Jean Dujardin de raconter à leur manière la singulière histoire de la Françafrique et des fameux réseaux Foccart [2]...

Le film sort en salle le 15 avril 2009 et fait un tabac. Il totalisera 2 520 877 entrées, un très beau score. Pour une fois, la critique est presque unanime. Dans *20 Minutes*, Caroline Vié note que « Jean Dujardin est irrésistible dans ce rôle sur mesure d'imbécile sentencieux ». Dans

1. *Ibid.*
2. Jacques Foccart était l'éminence grise du général de Gaulle pour les relations avec les États africains. Il a également servi Georges Pompidou et Jacques Chirac.

*Les Cahiers du Cinéma*, Jean-Philippe Tessé et Vincent Malausa constatent que « l'intensité si particulière est heureusement reproductible sans limite ». *Libération, Marianne, Ouest-France, Première, TéléCinéObs, Télérama, La Croix* donnent dans le superlatif. Seuls *Paris Match* et *Le Monde* émettent de timides réserves. Dans le premier, Alain Spira souligne que, « par manque de rythme, le spectateur a le sentiment d'être dans un bolide dont on a oublié de débloquer le frein à main ». Quant à Thomas Sotinel, il parle d'un film qui tourne à sa propre parodie. Hormis ces deux grincheux, il faut se rendre à l'évidence : c'est un véritable plébiscite en faveur de Jean Dujardin.

⁂

Jean Dujardin l'a dit, tout acteur rêve d'incarner deux rôles, agent secret et cow-boy. Il enchaîne donc l'un et l'autre en tournant, après *OSS 117 Rio ne répond plus, Lucky Luke*, le nouveau film de James Huth, le réalisateur de *Brice de Nice*. L'acteur n'est pas simplement acteur. Il en est aussi le coscénariste, avec Huth et Sonja Shillito. Il retrouve ainsi l'univers de la célèbre BD de Morris et Goscinny dont il avait déjà tâté en jouant dans les *Dalton* d'Éric et Ramzy.

Il a immédiatement donné son accord à James Huth quand celui-ci lui a parlé de son projet. Pour lui, jouer un cow-boy, c'est réaliser un rêve d'enfant, se faire plaisir, s'offrir l'une de ces joies que lui donne désormais le fait d'être devenu une vedette confirmée dont on se garde bien de contrarier les exigences, plus exactement les suggestions : « Quand, pour te préparer au duel, tu demandes qu'on te mette sur le plateau la musique de *Mon nom n'est personne*, évidemment, c'est du pur plaisir… […] Un autre plaisir était d'arriver dans le décor de Daisy Town et d'arpenter les rues d'une vraie ville de cow-boy. Je regardais les détails comme un enfant, je n'en revenais pas que ce soit du faux. » Et d'ajouter : « C'est pour cela que l'on fait du cinéma : pour y croire. Et là, j'y croyais totalement [1]. »

Fan de bande dessinée, James Huth n'a jamais eu de doute sur le choix de son acteur principal. Ce ne peut être que Jean Dujardin. Il est en totale adéquation avec le personnage de Morris et Goscinny : « Jean est un homme les pieds sur terre, droit dans ses bottes, avec un vrai côté ténébreux. Cette âme de *lonesome cow-boy* existe réellement chez lui. » Cette

1. Cf. http://www.allocine.fr/film/fichefilm-582241/secrets-tournage.

adéquation, l'intéressé en est conscient. Dès le premier jour du tournage, « mes jambes se sont naturellement arquées, c'était marrant. Je me suis regardé et j'ai eu la sensation que ça allait marcher, que je pouvais être un cow-boy et, pourquoi pas, Lucky Luke. »

Cette fois-ci, le film n'est pas une parodie, en tout cas ne veut pas l'être. Il ne s'agit pas de détourner les grands classiques de Hollywood ou les westerns spaghetti de Sergio Leone. James Huth veut faire un véritable film d'aventures avec un héros, un vrai, franciser ce qui est américain, créer un « héros français ». Avec Jean Dujardin et Sonja Shillito, il écrit le scénario en insistant plus particulièrement sur les décors et les costumes. Leur collaboration est fructueuse et harmonieuse. Il en sort un scénario qui mélange habilement l'univers de la conquête de l'Ouest, de *La petite maison dans la prairie* et de Tim Burton. Avec, en *guest stars*, les grandes figures du Far West, Calamity Jane, Jessie James et Billy the Kid.

Le casting fait appel à des anciens. Ainsi, Bruno Salomone, des Nous Ç Nous, est la voix de Jolly Jumper, le fidèle canasson de Lucky Luke. Alexandra Lamy sera Belle, une chanteuse de saloon amoureuse du cow-boy depuis l'enfance. Ils se retrouvent à nouveau sur un plateau de tournage, une manière pour eux de fêter le dixième anniversaire du début de leur collaboration. Melvil Poupaud, Michaël Youn, assagi, Daniel Prévost et Jean-François Balmer sont aussi de l'aventure.

Le tournage dure quatorze semaines en Argentine. Certaines scènes sont filmées en altitude, à 4 000 mètres, dans un désert de sable. Comme toujours, Jean Dujardin s'est soigneusement préparé. Il a appris à monter à cheval avec Mario Luraschi. Il ne sera jamais un cavalier émérite comme le fut son ami Guillaume Canet. Il sait en tous les cas enfourcher Jolly Jumper, marcher au pas, au trot et au galop.

Le film sort le 21 octobre 2009 et obtient un beau succès : 1 855 726 entrées. La presse est partagée. *La Croix, Le Figaroscope, Le Parisien* sont enthousiastes. *Le Point, Le Monde, Marianne, Ouest-France, Première, Télérama* et *L'Express* se montrent nettement plus réservés tout en saluant la performance de Jean Dujardin. On s'y prend désormais avec des pincettes pour rendre compte de son travail. Le temps est passé des jugements à l'emporte-pièce et des exécutions sommaires.

2009 est une année très chargée pour Jean Dujardin sur le plan professionnel. Outre *OSS 117* et *Lucky Luke*, il tourne *Le Bruit des glaçons* de Bertrand Blier, grande figure du cinéma français. Celui-ci est absent des salles depuis cinq ans. Cette absence met au supplice Jean Dujardin qui rêve d'être dirigé par lui. Fidèle à sa règle de conduite, il ne s'en est jamais ouvert à l'intéressé. Il ne fera qu'une seule exception, toujours en 2009, en croisant à Berlin Bertrand Tavernier. Sans résultat.

Jean Dujardin est donc très heureux de voir Bertrand Blier venir lui proposer un rôle difficile, celui d'un écrivain alcoolique, désabusé, qui reçoit la visite d'un homme (Albert Dupontel) affirmant être son cancer. S'ensuit un curieux jeu entre les deux du chat et de la souris, sous les yeux d'une gouvernante incarnée par Anna Alvaro, elle-même menacée par son propre cancer (Myriam Boyer).

L'idée trotte depuis des années dans la tête de Bertrand Blier. Il l'a eue en voyant un homme auquel il trouvait une « tête de cancer ». Les années sabbatiques qu'il s'octroie après *Combien tu m'aimes ?* lui donnent l'occasion de reprendre le sujet et d'écrire un début de scénario. Non-conformiste et iconoclaste, il souhaite briser le mur de silence érigé autour du cancer, maladie bien réelle, qui fauche chaque année des dizaines de milliers de personnes, mais qui est l'objet d'une véritable censure. On n'ose pas en parler. C'est vrai tout autant des malades que de leurs proches. Jusque par-delà la mort. Il suffit de consulter le carnet des journaux. On ne meurt jamais d'un cancer, toujours d'une longue et cruelle maladie.

Pour incarner le cancer, Bertrand Blier a déjà fait son choix. Ce sera Albert Dupontel dont il apprécie le jeu. Pour le rôle de l'écrivain, à l'origine, il avait songé à son acteur fétiche, Gérard Depardieu. Il le reconnaît volontiers : « Il y a toujours chez moi une tentation Depardieu. » Cela ne s'est pas fait. L'interprète des *Valseuses* a d'autres engagements. Au fond, cela arrange Blier. En retravaillant le scénario, il a l'intuition que celui-ci serait plus percutant si l'écrivain n'était pas un sexagénaire, à la vie bien remplie, mais un trentenaire. L'injustice sera encore plus criante et la lutte contre la maladie encore plus farouche. Jean Dujardin est immédiatement séduit par les vingt premières pages du scénario que lui fait lire Blier. Il est estomaqué par l'audace du projet et ravi à l'idée de retravailler avec Albert Dupontel, croisé dans *Le Convoyeur*.

Le tournage, dans le sud de la France, est convivial. Il y a peu de personnages et Jean Dujardin apprécie de se retrouver en petit comité. Cela le change des lourdes machineries de *OSS 117* ou de *Lucky Luke*. Non qu'il déteste la foule des figurants et des acteurs. Il s'y sent parfaitement à l'aise. Néanmoins, il a parfois le besoin de faire un peu le vide autour de lui, surtout quand le scénario est éprouvant.

Le film sort le 25 août 2010, un an après son tournage. Ce n'est pas forcément la meilleure des dates. À la fin des vacances, juste avant la rentrée scolaire et la reprise de la vie quotidienne, on n'a pas forcément envie de se coltiner un film, même grinçant, sur le cancer. Il fait toutefois 743 201 entrées. La critique est quasi unanime. Elle salue aussi bien le retour de Bertrand Blier que le jeu époustouflant de Jean Dujardin et d'Albert Dupontel, des « comédiens servis comme des rois » et qui « jouent comme des princes » (*Charlie Hebdo*). Dans les rares entretiens qu'il accorde à la presse, Jean Dujardin se montre très discret et très pudique sur le cancer. Il sait les trop nombreux drames engendrés par cette maladie et l'impossibilité qu'ont souvent les malades à communiquer avec leurs proches. Il ne veut pas donner dans la fausse compassion ou donner l'impression de faire campagne pour la recherche en oncologie. Il préfère parler de sa rencontre avec Blier et des questions incidentes que soulève le film : l'envie de vivre, le goût de la lutte, la découverte de l'amour.

Jean Dujardin tourne aussi dans les *Petits mouchoirs* de Guillaume Canet, également en 2009. Il y incarne Ludo, victime d'un accident à la veille des vacances, qui est hospitalisé entre la vie et la mort, cependant que ses amis, rassemblés au bord de la mer, pensent à lui et se remettent en cause. Il n'apparaît qu'au début. Il a tenu à participer à ce film de son ami d'enfance, compagnon à la ville de Marion Cotillard, l'une des rares actrices françaises à avoir obtenu un oscar. Elle évoque avec un grand naturel cet épisode de sa carrière. Jean Dujardin écoute. On lui parle d'une terre promise à laquelle il n'accédera jamais.

Toujours en 2009, année où il bosse comme un stakhanoviste, il tourne sous la direction de Nicole Garcia *Un balcon sur la mer*, une occasion pour lui d'interpréter le rôle d'un homme déchiré, rattrapé par un passé qu'il a cherché à oublier. Il incarne Marc Palestro, un agent immobilier, installé à Aix-en-Provence, marié, père de famille, à qui tout semble réussir. Les hasards de sa profession lui font rencontrer une femme, Cathy, dans laquelle il croit reconnaître sa voisine de la rue Lamartine à Oran dont il était, à 13 ans, éperdument amoureux et dont il a été brutalement séparé, quelques semaines avant l'accession à l'indépendance de l'Algérie. Est-ce réellement Cathy ou quelqu'un autre ? Marc Palestro perd tous ses repères et décide finalement de renouer avec sa part algérienne.

Nicole Garcia a mis beaucoup d'elle-même dans cette histoire. Elle est née à Oran qu'elle a quitté en 1962 tout comme le scénariste, Jacques Fieschi, pour lequel cette histoire sur l'enfance fracassée est un moyen de faire revivre un monde disparu : « Par essence, l'enfance, c'est forcément un temps perdu – que ce soit en Algérie ou en Auvergne. Mais l'Algérie permettait de donner un tour d'écrou supplémentaire au sujet, dans la mesure où la société oranaise d'avant 1962 a totalement disparu. La guerre a été une déflagration si forte dans la vie de ces gens que la mémoire en est devenue incertaine, qu'elle peut engendrer des erreurs et des confusions [1]. »

Nicole Garcia connaît de loin Jean Dujardin. Les deux ont quelques points en commun qu'ils ignorent. Ainsi, Nicole Garcia a débuté au cinéma dans *Des garçons et des filles*. Elle a joué *Deux sur la balançoire* dans une mise en scène de Bernard Murat, tout comme Jean Dujardin. Elle a vu ses films, certains d'entre eux, et sait qu'il n'est pas un simple amuseur public : « Il y a en lui des zones d'ombre qu'il était prêt à offrir à un personnage. »

---

1. Cf. http://www.allocine.fr/film/fichefilm-582241/secrets-tournage. Les citations des pages suivantes proviennent de ce site.

Jean Dujardin est séduit par ce projet et par la personnalité de Nicole Garcia. Lors du tournage, il sera impressionné par son comportement : « Nicole n'oublie jamais sur les plateaux l'actrice qu'elle est. Elle vous accompagne d'une manière qui fait viscéralement corps avec le film. » La thématique des retrouvailles avec l'enfance lui plaît. C'est un sujet qui n'a jamais cessé de le préoccuper.

La thématique pied-noire ou « nostAlgérie » du film aurait pu le rebuter. Elle ne fait pas partie de son histoire personnelle. Il sait peu de choses sur la présence française en Algérie et sur les pieds-noirs. Il en a très vaguement entendu parler par Guillaume Canet dont les parents viennent de l'autre côté de la Méditerranée. Il lit beaucoup et se documente, au point de s'identifier progressivement aux pieds-noirs et à leur destin parce qu'il est le symbole du déracinement, l'épreuve qui attend tout être humain à un moment de sa vie : « À la fin du film, je me suis senti l'un des leurs. C'est la force de l'acteur, non ? Ils m'ont aidé à mieux comprendre ce garçon à qui ses parents ont dit à 13 ans qu'il allait devoir tout quitter et recommencer une vie bien réglée, ailleurs. »

Les scènes en flash-back sont toutes tournées à Oran, ville qui a beaucoup changé depuis 1962 mais qui conserve son cachet de cité cosmopolite où se côtoyaient Européens, Français, Espagnols, juifs et musulmans et où Albert Camus a situé l'action de *La Peste*. La place d'armes est intacte tout comme certaines rues. Pour le reste, les décorateurs font un travail considérable, reconstituant ainsi le magasin du père de Nicole Garcia, la Droguerie universelle, un magasin mythique.

Le tournage à Oran est un véritable choc pour Jean Dujardin et renforce sa complicité avec la réalisatrice et le scénariste. Il observe Nicole Garcia et Jacques Fieschi retrouvant les lieux de leur enfance. Ils sont bouleversants et il est lui-même bouleversé. Il se promène longuement en ville, notamment dans le quartier du port. Il contemple la baie d'où sont partis tant d'hommes, de femmes et d'enfants balayés par le vent de l'histoire. Leur drame, c'est, amplifié à l'extrême, le drame connu par chacun à la sortie de l'enfance. Quand il tourne la scène où Marc Palestro, revenu en Algérie, revoit la terrasse de son enfance, il n'a pas besoin de surjouer. Il le dit magnifiquement : « J'ai éprouvé, d'un coup, le retour de l'exil, et les larmes me sont venues naturellement. Ce n'était plus simplement l'enfance de Marc, de Nicole. C'était aussi la mienne, celle de tout le monde, quand on la sait à jamais perdue. »

Sorti le 13 décembre 2010, le film est un succès avec 1 million d'entrées. La presse est élogieuse à la fois pour Nicole Garcia et pour Jean Dujardin. Même Gérard Lefort de *Libération* se fend d'un compliment : « Ce film ne tiendrait pas sans Jean Dujardin, sans sa masse de virilité nuancée, mystérieuse et finalement volatile. » Cette plongée dans le passé le grandit. Ce ne sera pas la seule.

# 8

# *Frenchie goes to Hollywood*, saison 1

Passionné de cinéma américain, Michel Hazanavicius caresse depuis longtemps un projet insensé : tourner un film muet en noir et blanc comme on en faisait dans les années 1920 afin de rendre hommage aux pionniers du septième art. Cette fois, il ne s'inscrit pas dans le registre du détournement, de la dérision et de la parodie, cher aux membres de l'école Canal +. Ce sera un véritable film. On est loin de celui réalisé en 1976 par Mel Brooks, *La dernière folie de Mel Brooks*, où le mime Marceau, plus connu aux États-Unis qu'en France, tenait le seul rôle parlant. Non, il s'agit de renouer avec la magie des vieux classiques que seuls quelques rares privilégiés connaissent puisqu'ils ne sont plus jamais diffusés, hormis dans le cadre très restreint des cinémathèques et ciné-clubs.

Dans un premier temps, Michel Hazanavicius envisage de faire un film d'espionnage ou une version muette de *Fantômas*. Très vite, il se rend compte que le genre se prête mal à son projet. Un film d'espionnage ou un *Fantômas* exige une intrigue dont la richesse et la complexité ne peuvent être rendues par l'ajout de quelques panneaux.

Thomas Langmann, auquel il en a parlé, le lui confirme sans ménagement. Il est tout disposé à envisager de se lancer dans une aussi folle aventure, dont l'audace le séduit, mais il ne croit pas à la piste *Fantômas*. Ce serait un échec car le thème n'est pas assez universel. Fils de Claude Berri, Thomas Langmann a les pieds sur terre. Derrière son air d'adolescent, il a un flair redoutable. Il sait d'instinct ce qui peut plaire et ce qui rebutera le public. Il se montre intéressé, sans plus. Il suit depuis longtemps la carrière de Michel Hazanavicius et l'apprécie. Le réalisateur ne prend pas mal cette réponse. Le plus important, pour lui, est que Thomas Langmann n'a pas dit catégoriquement non. Il serait partant à condition qu'on lui apporte un projet qui tienne la route.

Depuis les oscars, les deux hommes sont revenus à de multiples reprises sur les circonstances de cette rencontre, en prenant grand soin de ne pas trop se contredire. Michel Hazanavicius affirme se souvenir comme si c'était hier du quasi-feu vert donné par Thomas Langmann après qu'il lui a dit d'une voix étouffée comme s'il prononçait un gros mot : « J'ai envie de faire un film muet. » « Thomas Langmann n'est pas un producteur qui a les mêmes oreilles que tout le monde et cette phrase, il ne l'a non seulement entendue mais prise au sérieux. J'ai vu ses yeux quand je lui parlais et j'ai compris qu'il y croyait. Grâce à lui, c'est devenu un film possible. Ce n'était plus un fantasme, mais un projet. Je pouvais commencer à travailler. Je lui ai dit que j'allais chercher une histoire et que si je la trouvais et qu'elle me paraissait fonctionner, je reviendrais le voir [1]. » Langmann ne dément pas, même si son accord n'avait rien de formel. C'était tout au plus un encouragement, une façon de prendre date. Ce n'est ni la première ni la dernière fois qu'on vient lui proposer une idée avant de l'abandonner. Son métier est d'écouter, de conseiller et d'attendre que le fruit mûrisse avant de le cueillir.

Michel Hazanavicius retravaille donc inlassablement son projet en visionnant les classiques du cinéma muet et d'autres films, ceux de Fritz Lang, Ernst Lubitsch, Billy Wilder, Charlie

1. Cf. http://www-commeaucinema.com/notes-de-prod/the-artist/181583. Toutes les citations dans ce chapitre proviennent de ce site.

Chaplin et Friedrich Wilhelm Murnau. C'est un peu l'Atlantide du septième art, un monde définitivement englouti par l'apparition, avec *Le chanteur de Jazz* d'Alan Crosland avec Al Jolson, du cinéma parlant. Trente ans à peine après sa création par les frères Lumière, le cinéma connaissait une révolution sans précédent dont beaucoup ne sortirent pas indemnes. C'est cette césure qu'il veut explorer en décrivant la lente et inexorable déchéance d'une star du muet, George Valentin, qui refuse de s'adapter et qui finit par être écarté des studios où il régnait jadis en maître.

C'est en fonction de ses futurs partenaires que Michel Hazanavicius trace patiemment les grandes lignes de son projet, se remettant perpétuellement en question. Pour la photo, il compte faire appel, comme toujours, à Guillaume Schiffman, avec lequel il a travaillé pour ses deux *OSS 117*. Il sait que ce remarquable directeur de la photo retrouvera les tons gris et blancs des années 1920.

Pour la musique, il mise sur Ludovic Bource dont la tâche différera cette fois-ci sensiblement de ses précédentes contributions aux films de Michel Hazanavicius. Cette fois, la musique ne servira pas d'accompagnement sonore : elle devra exprimer et décrire les sentiments des acteurs. Le cahier des charges est très précis :

la musique doit « prendre en compte toutes les humeurs, mais aussi toutes les variations, toutes les ruptures, tous les conflits, tous les changements de direction de chaque séquence ».

Quant aux acteurs qui porteront le film, Michel Hazanavicius sait d'emblée que ce seront Jean Dujardin et Bérénice Béjo. Les personnages de George Valentin et de Peppy Miller n'ont pas besoin d'avoir existé réellement, ce ne sont que les projections fantasmées dans le passé de Jean Dujardin et de Bérénice Béjo. Il n'a eu qu'à les regarder pour prêter leurs traits à ses personnages. Tout repose sur leur physique. Pour Michel Hazanavicius, « Jean est un acteur qui est aussi bon en plan serré, avec ce qu'exprime son visage, qu'en plan large, avec ce que raconte son corps ». Quant à Bérénice Béjo, tout est dans ses traits : « On accepte facilement l'idée que Hollywood va la choisir et en faire une grande vedette. »

Cette conviction est si bien ancrée en lui qu'il n'imagine pas que les deux intéressés puissent lui dire non. Lors de la sortie du film, il reviendra sur cette affirmation, déclarant que même si l'un des deux avait refusé, le film se serait cependant fait. Il est permis d'en douter. On voit mal parmi les acteurs français qui aurait eu le courage et l'envie de se substituer à Jean Dujardin ou à Bérénice Béjo.

Et ce d'autant plus qu'à l'origine, le film repose essentiellement sur le personnage de George Valentin dont il doit décrire la déchéance. Autant dire que l'acceptation de Jean Dujardin est cruciale. Or, quand Michel Hazanavicius évoque devant lui son projet, lors du tournage de *OSS 117 : Le Caire, nid d'espions*, la première réaction de Jean Dujardin est de croire à un gag. Son compère lui fait une énorme blague pour le tester, c'est un canular, une sorte de poisson d'avril avant l'heure, un piège si grossier qu'il lui est facile de l'éviter.

Il se rend compte quelques mois plus tard qu'il n'en est rien. Michel Hazanavicius est sérieux comme un pape. Il n'a pas renoncé à sa lubie, bien au contraire. Le succès des deux *OSS 117* l'a confirmé dans son envie de faire un film muet. C'est ainsi qu'il envisage la suite de sa collaboration, fructueuse, avec Jean Dujardin. Il lui en reparle. L'autre laisse venir, il connaît parfaitement son interlocuteur : « Michel n'est pas un grand bavard, donc à l'époque, quand il évoque cette envie, qu'il dit qu'il est en train de penser à une histoire, on n'a pas grand-chose d'autre à faire que d'attendre, on ne sait pas combien de temps ça peut durer. »

Une chose est sûre pour Jean Dujardin, son ami veut véritablement tourner un film muet.

Il n'y a que deux explications possibles : soit il est fou, soit il est génial. Jean Dujardin n'hésite pas. Michel Hazanavicius est un génie. C'est d'ailleurs la raison pour laquelle il a lié depuis 2005 sa carrière professionnelle à la sienne. Il n'a pas eu à s'en plaindre jusqu'alors.

Il n'est donc pas autrement surpris quand Michel Hazanavicius lui tend le scénario et se contente de lui dire : « Lis, mais ne te fous pas de moi, tu crois que ça va passer ? Qu'est-ce que tu en penses ? Est-ce que tu serais prêt à le faire ? » Jean Dujardin lit le texte d'une traite et avoue ne pas avoir eu une réponse très originale : « Je lui ai dit comme tout le monde à chaque fois qu'il parlait de ce projet : "C'est une superbe idée mais tu crois qu'on va trouver des financements ?" » Tout en ajoutant : « Comme c'était une super idée, il fallait le faire ! »

Quand il y réfléchit bien, Jean Dujardin craint, cette fois-ci, de ne pouvoir relever le défi qui lui est proposé. Il a pu devenir Hubert Bonisseur de La Bath parce que ce rôle était en quelque sorte fait pour lui. Il avait toujours rêvé d'incarner à l'écran un agent secret. Là, c'est tout autre chose. Il ne sait rien du cinéma muet et se voit mal jouer derrière les caméras une sorte d'ersatz de Rudolph Valentino. La prudence devrait, doit lui conseiller de refuser.

Ses doutes ne cessent et ne cesseront de le tarauder tout au long de cette aventure, à tel point que cela donnera naissance à une légende colportée sur la toile et dont s'est fait l'écho une émission de télévision. À un moment, Jean Dujardin aurait jeté le gant et serait revenu sur l'accord qu'il avait antérieurement donné à Michel Hazanavicius et à Thomas Langmann. Cela ne lui correspond guère. Il n'est pas du genre à fuir devant la difficulté ou à manquer de parole à l'un de ses proches. Généralement, une fois qu'il a dit oui, il va jusqu'au bout.

Michel Hazanavicius doit toutefois déployer de considérables efforts pour le convaincre de devenir George Valentin. Il répète inlassablement à Jean Dujardin qu'il a le physique d'un acteur des années 1920. Ses sourcils broussailleux et sa gueule de *latin lover* en font un digne émule de Rudolph Valentino. *Ca$h* a d'ailleurs montré qu'il avait tout d'une icône du septième art. Son visage peut exprimer à la fois exubérance et gravité, joie quasi enfantine et profonde détresse. Il n'a pas, il n'a plus besoin de la parole pour exprimer ses sentiments.

Jean Dujardin continue à se montrer réticent. On l'a dit : il ignore presque tout du cinéma muet, hormis les films de Buster Keaton et de Charlie Chaplin. Cet aveu sonne comme une invitation implicite à lui faire découvrir ce qu'étaient les acteurs avant le parlant. Michel Hazanavicius saisit la balle au bond, comme s'en souvient Jean Dujardin : « Je l'ai suivi à la cinémathèque, il m'a montré *L'Aurore* et *City Girl* de Munau, *La Foule* de King Vidor, et plein d'autres, j'ai découvert un autre cinéma muet que la pantomime ou les tartes à la crème. C'était sans doute aussi pour me rassurer, pour me montrer qu'on pouvait suivre une histoire sans parole pendant une heure et demie, qu'on pouvait être surpris et ému. J'ai été très touché par ces films. Sans la parole au fond, il reste l'essentiel : le jeu et l'émotion pure. Cela me touchait d'autant plus que j'aime beaucoup que le jeu passe par le corps et que je voyais dans ces films une expression personnelle très sensuelle. »

Jean Dujardin n'est pourtant encore qu'à moitié convaincu. Passe encore qu'on le prenne pour une réplique des stars des années 1920. Cette touche passéiste ne lui déplaît pas trop, elle le flatterait même. Après tout, il n'est pas un fanatique du modernisme, il est sensible à certaines modes rétro. Ce n'est pas tant d'être pris pour une réplique des photos de mode des années 1920 et 1930 qui le gêne. C'est le fait qu'on veuille, pour ainsi dire, lui clouer le bec, le réduire au silence. Or, jusque-là, c'est sa verve et sa faconde qui, avec des dialogues de qualité, ont assuré sa réussite. Imagine-t-on un Hubert Bonisseur de La Bath contraint de s'exprimer par gestes ? Renoncer à sa voix, à son accent gouailleur, c'est renoncer à la part la plus importante de son talent. C'est une forme de suicide professionnel.

En fait, en l'amenant à se poser cette question, Michel Hazanavicius l'a habilement pris dans ses filets. S'interroger, c'est déjà admettre que l'autre n'a pas forcément tort et qu'il a peut-être saisi un potentiel dont l'intéressé n'est pas encore conscient. Michel Hazanavicius a longuement observé la manière dont Jean Dujardin travaillait sur les plateaux et sa façon d'être constamment à l'écoute du réalisateur et de sa ou son partenaire. Il l'a écouté répéter à plusieurs reprises comme un mantra : « C'est bien d'être le spectateur de l'autre, de le motiver. » Il retourne cette phrase contre lui. Entre les deux, c'est le jeu du chat et de la souris. Chacun sait qui il est et Jean Dujardin n'ignore pas qu'il finira par dire oui. Hazanavicius l'oblige une nouvelle fois à sortir des sentiers battus, il lui révèle une nouvelle dimension de son talent.

Jean Dujardin le dit, il y a comme une sorte de communion d'esprit entre eux : « Il pense à quelque chose et je le lui fais sans même qu'il ait à le demander. » C'est ce qui se passe une nouvelle fois. Jean Dujardin prend conscience du nouveau défi que lui propose son compère : « Je savais que j'allais être privé du texte, je savais que j'allais être privé de voix. Ce n'est pas rien ! Je me demandais comment faire exister ce personnage sans la parole pour me sauver, sans le son pour entraîner le spectateur dans l'histoire. En même temps, j'avais le sentiment que ce projet tombait bien, au bon moment, qu'il collait bien avec moi, avec ce visage dont on me disait quand j'ai débuté qu'il était trop mobile, trop expressif, avec ce plaisir que j'ai à jouer avec le corps, avec cette envie d'aujourd'hui d'aller plus loin dans le jeu, de lâcher un peu la pudeur. »

L'acteur est ferré. À ce stade, Jean Dujardin n'a plus qu'une seule objection à faire valoir. Il est impossible de faire tenir un film d'une heure et demie sur la simple mise en scène de la déchéance d'un comédien privé de son gagne-pain. Ce thème ne lui permet pas de se raccrocher à son personnage et de lui donner vie sur une telle longueur.

C'est ce qui amène Michel Hazanavicius à doubler le récit d'un échec professionnel d'une histoire d'amour entre la vedette déchue et une starlette brillant au firmament des studios, qui finira par le persuader de revenir sur les plateaux et de savourer à nouveau le succès en jouant un rôle parlant.

L'idée l'avait effleuré. Il voulait au fond, plus qu'un film d'espionnage, se faire plaisir, réaliser un film d'amour, céder à son côté fleur bleue dissimulé derrière le masque de la dérision. Il rêve de s'essayer à un genre nouveau, le mélodrame, non pour le parodier, mais pour le restituer dans la profondeur qu'il y avait par exemple dans les premiers films de Charlie Chaplin.

Même si Michel Hazanavicius réfute toute volonté d'imiter Charlot, qu'il considère comme unique, il ne peut s'empêcher de souligner cette filiation : « Quand vous regardez les Chaplin, on a tendance à ne se souvenir que des moments comiques, mais ces histoires sont des mélodrames purs et durs, où les jeunes filles ne sont pas seulement orphelines mais aveugles ! Les choses drôles sont toujours en contrepoint d'une histoire très émouvante. »

Sous l'influence de Jean Dujardin, Michel Hazanavicius modifie donc le scénario original et étoffe le personnage de Peppy Miller, la bonne étoile de George Valentin. Au début, il était si négligeable que Bérénice Béjo n'avait pu s'empêcher d'en faire le reproche à son compagnon : « Même le chien a un rôle plus important que le mien. »

La montée en importance de Peppy permet de donner de l'ampleur à d'autres personnages, par exemple à Clifton, le fidèle domestique de George Valentin que celui-ci finit par chasser et qui passe au service de l'actrice, ou au producteur Al Zimmer, patron des studios Kinograph, qui se laisse finalement, non sans mal, convaincre d'offrir une nouvelle chance à la vedette déchue.

Ces modifications substantielles autorisent Michel Hazanavicius à mettre un point final provisoire au scénario du film. Il sait que celui-ci subira des modifications pendant le tournage car Jean Dujardin et Bérénice Béjo ne manqueront pas, comme ce fut le cas lors des deux *OSS 117*, de lui suggérer des ajouts ou des améliorations. Pour une fois, puisque le film sera muet, son travail de scénariste se confond presque avec celui de metteur en scène : « Je n'ai cessé, au moment de l'écriture, de me poser des questions de metteur en scène : comment raconter cette histoire en sachant qu'il n'est pas possible de mettre des cartons toutes les vingt secondes. »

En attendant le tournage aux États-Unis, l'équipe travaille d'arrache-pied. Michel Hazanavicius visionne à nouveau tous les grands classiques du cinéma muet pour mieux s'imprégner de leur atmosphère. Bérénice Béjo n'est pas en reste. Elle a beaucoup regardé les films avec Joan Crawford, Eleanor Powell et Marlene Dietrich à laquelle elle emprunte l'habitude d'adresser un baiser à la caméra. Étonnamment, elle ne fait aucune référence à Louise Brooks, l'une des personnalités les plus fortes du cinéma muet, dont son jeu s'inspire très fortement. Quant à Jean Dujardin, il se plonge dans les Charlot mais aussi dans les films de Douglas Fairbanks, qu'il idolâtre : « J'ai regardé tous les films de Douglas Fairbanks qui ne sont pas toujours des grands films mais où il se permet tellement de choses. C'est comme la vie en mieux, en plus clinquant, moi, j'aime bien ça. »

Jean Dujardin travaille beaucoup. Faute de texte, il doit tout inventer de la vie de George Valentin. Ce défi lui plaît : « Le plus excitant, c'était de partir de ce personnage flamboyant, qui est tout le temps dans le *show*, devant la caméra, avec sa femme, ses fans, et de glisser peu à peu dans des zones plus troubles, plus sombres, plus douloureuses. De partir du plaisir du jeu pur, presqu'enfantin, et d'aller plus loin dans l'incarnation. Je craignais au départ des scènes plus graves, plus sombres et pour lesquelles je n'avais pas de texte auquel me raccrocher, et finalement j'ai découvert que le muet était presqu'un atout : il suffit de penser l'émotion pour qu'elle se voie. »

Jamais un miroir ne lui a été autant utile. Il se plante devant lui pour se préparer à son rôle, pour essayer telle ou telle mimique. Ce n'est pas du narcissisme, c'est de la conscience professionnelle. Même s'il sait que ces préparatifs seront très nettement insuffisants : « Je me disais simplement que les essais lumières et costumes seraient déterminants, j'attendais d'arriver à Los Angeles, j'attendais la coiffure, les costumes, j'attendais de voir ce que cela allait donner. Et puis il y avait aussi la vitesse – quand on tourne à 22 images secondes, on ne peut pas jouer tout à fait de la même manière, au même rythme que d'habitude, on se demande parfois s'il ne faut pas ralentir un peu le mouvement. »

Il le confesse : « Il fallait attendre le dernier moment pour savoir où on allait, c'est ça qui me faisait peur. » Jean Dujardin relativise toutefois son inquiétude : « Il ne faut pas exagérer, il y a pire comme peur, il y a pire comme prise de risque que d'être envoyé trois mois à Los Angeles tourner un film français à la Warner ou à la Paramount ! On ne va pas faire sa sucrée non plus ! »

La scène finale est un duo de claquettes interprété par George Valentin et Peppy Miller, allusion au duo formé par Fred Astaire et Ginger Rogers. Il doit durer deux minutes mais nécessite une préparation minutieuse. Jean Dujardin et Bérénice Béjo sont totalement novices en la matière. Ils prennent donc des cours avec Fabien Ruiz, le grand spécialiste français des claquettes. Durant les trois premiers mois, Bérénice Béjo est la seule à s'entraîner. Jean Dujardin est retenu par le tournage du *Bruit des glaçons* et d'*Un balcon sur la mer*. Il met donc les bouchées doubles pour rattraper son retard.

Quand Michel Hazanavicius lui avait proposé : « cela te dirait de danser, de faire des claquettes ? », il avait immédiatement répondu présent en sous-estimant l'effort que cela lui coûterait : « Forcément, on dit oui, tout excité, et on ne se doute pas qu'ensuite, il va falloir y aller, apprendre les bases des claquettes pendant plusieurs mois, commencer par *shuffle, step, shuffle, step*, douter, avoir l'impression de ne pas progresser puis repartir de plus belle, travailler des bouts de chorégraphie avec Bérénice et se laisser porter par le plaisir de la découverte. Même si je sais que je ne serai jamais Gene Kelly ! »

Les deux acteurs se montrent très attentifs et très bons élèves. Ils travaillent énormément, suscitant l'admiration de leur professeur : « Ce qu'ils réussissent dans le film requiert normalement plusieurs années de pratique, notamment les sauts, difficiles à maîtriser [1]. » Ce point de vue n'est pas partagé par d'autres experts pour lesquels il y a une bonne part de poudre aux yeux dans la performance des deux acteurs : « Ce qu'ils font est sympa et donne envie, mais c'est un numéro accessible qui peut se faire en fin de première année, milieu de deuxième. C'est accessible même si cela en met plein la vue [2]. » Fabien Ruiz ne se contente pas de donner des cours, il devient le chorégraphe officiel du film.

Pendant que Jean Dujardin et Bérénice Béjo transpirent sur les parquets, Michel Hazanavicius se démène comme un beau diable pour trouver le financement de son film. Les banquiers se montrent plutôt réservés. Cette histoire de film muet ne les séduit que très peu. Ils ont peur d'un échec cuisant qui leur laisserait une copieuse ardoise. On est alors en pleine crise financière mondiale et l'heure n'est pas au mécénat. Le soutien de Thomas Langmann s'avère déterminant. C'est lui qui, au final, face aux réticences des autres, prend le

---

1. Cf. Julien Heyligen, « Il a tout appris à Jean Dujardin », *Aujourd'hui*, 6 mars 2012, p. 28.

2. Cité par Benjamin Jérôme : « *The Artist* vous rend fou des claquettes », *Aujourd'hui*, 6 mars 2012, p. 28. Le film suscite en tous les cas un véritable engouement pour les claquettes dont les cours sont pris d'assaut.

risque de cautionner l'aventure ainsi qu'il l'avait promis à Michel Hazanavicius, sans écouter les mises en garde des petits hommes gris équipés de leur calculette. C'est un formidable pari sur lequel il joue l'avenir de sa société. Il n'hésite pas. C'est un battant, comme son père Claude Berri, et il est persuadé que ce film fera un véritable tabac. Son accord met un terme aux angoisses de Michel Hazanavicius. Jusque-là, celui-ci faisait preuve d'une très grande prudence. Dans ses conversations avec sa compagne, Bérénice Béjo, il ne cessait d'utiliser le conditionnel : « Si nous allons à Hollywood ! », « Si nous tournons le film ». Maintenant, il a la certitude que cela se fera et il se comporte comme un véritable gamin auquel on offre de réaliser son rêve le plus fou.

Le tournage se déroule aux États-Unis, en Californie, à l'automne 2010. Rien ne s'opposait, en principe, à ce qu'il ait lieu en France. Le résultat n'aurait pas été sensiblement différent. Mais Thomas Langmann et Michel Hazanavicius ont décidé, pour des raisons complémentaires, au risque d'alourdir le budget prévisionnel, de franchir l'Atlantique. Ce ne sera pas un film français, mais un film franco-américain. Pour Thomas Langmann, c'est se donner toutes les chances de commercialiser ultérieurement le film aux États-Unis sans avoir à craindre une certaine francophobie récurrente depuis le discours de Dominique de Villepin à l'ONU en 2003 [1]. Les sommes nécessaires pour la réalisation de *The Artist* sont telles que même un succès en France, de l'ordre de 2 millions d'entrées, ne suffirait pas aux producteurs pour rentrer dans leurs fonds.

Pour Michel Hazanavicius, il va de soi que cet hommage vibrant au cinéma américain des années 1920 ne peut être tourné que dans La Mecque du septième art, les studios mythiques de la Paramount et de la Warner, cet Hollywood dont le nom est comme une douce mélodie. Il connaît bien les États-Unis et s'est rendu à plusieurs reprises à Los Angeles. Ce n'est pas le cas de Jean Dujardin. Celui-ci ne connaît, et très mal, que la côte est où il a effectué de brefs séjours. Autant dire que la perspective de travailler à Hollywood le transporte sur un petit nuage. C'est lui promettre, à un degré supérieur, le plaisir qu'il avait éprouvé en foulant la rue d'une ville du Far West, reconstituée en Argentine, lors du tournage de *Lucky Luke*. La sensation de voir la réalité et la fiction se mêler.

---

1. Alors ministre des Affaires étrangères, Dominique de Villepin avait condamné le projet d'intervention militaire des États-Unis et de la Grande-Bretagne en Irak pour renverser le régime de Saddam Hussein.

Il le dit et le redit, ce tournage n'a pas été un tournage comme les autres. Il lui permet de se retrouver là où les plus grands du septième art ont jadis travaillé, de fouler le même sol qu'eux : « Même après deux semaines, je peux vous assurer qu'on continue de manger rapidement pour avoir encore un peu de temps seul sur les plateaux et regarder les décors, toucher la patine des murs, marcher dans les rues des studios, tout enregistrer, se dire : "Je suis bien à Hollywood !" J'en étais bien conscient. Une casquette de figurant, la tenue d'un flic, un angle de rue, tout vous rappelle le cinéma. J'adore ces instants où la vie rejoint le cinéma – ou l'inverse – c'est fascinant. J'ai pris le temps de profiter de tout ça. Je ne pouvais pas être blasé, d'autant plus que c'était mon premier voyage à Los Angeles. Je découvrais donc tout à la fois [1]. »

Il est tellement enthousiaste qu'il bouscule son emploi du temps. Il arrive aux États-Unis bien avant le reste de l'équipe. Il veut humer l'air de la Californie, passer de longues heures à arpenter les rues de Los Angeles, visiter les

1. Cf. http://www-commeaucinema.com/notes-de-prod/the-artist/181583.

studios, ne se lassant jamais d'y revenir. Son côté Brice de Nice disparaît totalement. Pas une seule fois il ne songe à se rendre sur les plages où les surfeurs californiens rivalisent d'adresse et fendent les vagues. Il est déjà ailleurs, dans les années 1920.

Tout est fait pour qu'il baigne dans le passé. Michel Hazanavicius lui a trouvé une maison des années folles sur les collines de Hollywood. L'endroit est excentré et Jean Dujardin est totalement coupé, le soir venu, du reste de l'équipe. Il soupçonne vite Michel Hazanavicius d'avoir eu une idée derrière la tête : « Michel a fait exprès de m'isoler dans cette grande maison. Pour qu'après la journée de travail, je reste encore dans le *mood* de George Valentin ! Et je crois que ça a marché très bien ! On est toujours un peu schizophrène lorsqu'on fait ce métier. »

Cet isolement n'est pas toujours évident. Le tournage n'est pas forcément une partie de plaisir. Il demande beaucoup de présence, de travail sur le plateau. À force d'incarner un acteur en déclin, Jean Dujardin intériorise tellement le personnage que cela se retourne contre lui. Il l'admet sans fard : « Ce qui m'a surpris, c'est que jouer pendant vingt jours la descente de George Valentin, ça a fini par m'affecter. J'ai eu beau me protéger, il y a un moment où ça m'a rattrapé. Vous rentrez le soir un peu troublé, et le lendemain, il faut recommencer avec les mêmes états d'âme. Votre maison brûle, le chien aboie, vous demandez du Léo Ferré sur le plateau, bizarrement vous vous faites du mal et à un moment donné vous vous dites : "Attention, tu peux toi aussi passer de l'autre côté." C'est un rien dangereux parce qu'on finit par être assez heureux d'être malheureux. »

Ce qui le sauve, c'est la présence à ses côtés d'Alexandra Lamy, compagne attentive et fidèle, toujours prête à le rassurer, à lui rendre confiance. C'est aussi le climat exceptionnel dans lequel se déroule le travail avec l'équipe américaine. Celle-ci a littéralement craqué pour ces bizarres *Frenchies* contre lesquels ils auraient pu avoir de singulières préventions. On l'a dit, depuis de Gaulle, la France et les USA n'en finissent pas de se chanter « Je t'aime, moi non plus ! ». Les Américains sont littéralement stupéfaits par le débarquement, à Los Angeles, de ces étranges Gaulois fous de cinéma américain, un cinéma qu'ils connaissent sur le bout des ongles et auquel ils veulent rendre un hommage vibrant en tournant, à l'heure de la 3 D et des effets spéciaux, un film muet noir et blanc comme au bon vieux temps d'Hollywood.

Ces étranges Français, fous d'Amérique, sont plus que respectueux de leurs partenaires américains qui ignorent tout de leurs films. Ce sont des gamins qui multiplient les prévenances pour bien montrer qu'ils leur sont très reconnaissants de les laisser pénétrer dans la cour des grands, des très grands, et d'accepter de leur apporter leur concours : Mark Bridges, le chef costumier, n'en revient pas des compliments que lui prodigue Michel Hazanavicius. Certes, il connaît admirablement son métier et le fait toujours avec le même souci maniaque de la perfection. Mais là, on ne cesse de s'enthousiasmer sur ce qu'il fait, et il n'y est guère habitué.

Cela vaut aussi pour John Goodman et James Cromwell pressentis pour incarner Al Zimmer, le P.d.g. des studios Kinograph, et le chauffeur de George Valentin et de Peppy Miller. Ce sont d'immenses acteurs, ils ignoraient toutefois que leurs rôles respectivement dans *La Ligne verte* et *The Big Lebowski* leur avaient valu une telle notoriété de l'autre côté de l'Atlantique. Ils sont dépassés par ces *Frenchies* qui les contemplent comme des sortes de demi-dieux et qui ne leur ménagent pas leurs compliments.

Le fait que ce soit un film muet contribue beaucoup à diminuer les conséquences de la barrière de la langue. Les Français, hormis Thomas Langmann et Bérénice Béjo, ne sont pas véritablement à l'aise dans la langue de

Shakespeare. Michel Hazanavicius et Jean Dujardin ont certes pris des cours d'anglais avant leur départ, mais n'ont pas réussi à rattraper le retard dû à leur indiscipline chronique au collège et au lycée. Peu importe. Lorsqu'ils tournent les scènes, Jean Dujardin, John Goodman et James Cromwell s'expriment chacun dans leur langue respective, source de multiples plaisanteries. Ils en font des tonnes et des tonnes sans que cela vire au cabotinage ou à la provocation. Au contraire, cela facilite une complicité et une allégresse qui sont pour beaucoup dans la réussite du film.

Celui-ci repose essentiellement sur les épaules de Bérénice Béjo et Jean Dujardin. C'est un duo idéal. Ils se connaissent depuis longtemps, depuis le tournage du premier *OSS 117*. Jean Dujardin est parfaitement à l'aise avec elle et ne cache pas son admiration pour sa partenaire : « On se connaît bien avec Bérénice, on ne s'est jamais perdus de vue, on s'aime beaucoup. Entre nous, il n'y a pas de gêne, presque pas de pudeur. On peut se jeter, s'abandonner dans les yeux l'un de l'autre sans problème. Pour un projet comme celui-ci, c'était un véritable atout. Cela nous a fait gagner du temps. On s'est surpris à avoir tous des deux des émotions très fortes, jusqu'à hoqueter, jusqu'à pleurer. »

Leur complicité est totale. Ils sont sur la même longueur d'ondes. Entre eux, il n'y a pas la moindre rivalité. Ils sont complémentaires et le savent. Cela transparaît dans la scène finale, celle des claquettes, à laquelle ils se sont minutieusement préparés. Ils sont d'accord pour se donner à fond. Jean Dujardin s'en souvient : « On savait que Michel découperait le moins possible, c'était d'autant plus excitant. À chaque prise, on y allait à fond, et à la quinzième prise, on n'était même pas fatigués !... À la fin de chaque prise, on était les premiers à dire : "Allez ! on y va, il faut qu'on la refasse." »

Pour cette scène d'anthologie, ils ne dansent pas uniquement devant le reste de l'équipe médusée par leur talent et leur professionnalisme. Des fantômes assistent aussi au tournage, ceux des grands du passé. Jean Dujardin le raconte très bien : « Vous arrivez, petit *Frenchie*, il y a trois cents personnes sur le plateau, vous avez répété dans le studio de Debbie Reynolds et Gene Kelly, ça met la pression. »

Entre Michel Hazanavicius et Jean Dujardin, l'accord est total et la complicité à son paroxysme. Rares sont les réalisateurs qui reçoivent un tel hommage de la part d'un acteur : « Je crois que je suis une espèce de projection de son fantasme d'acteur. Je pense que, s'il devait être acteur, je serais cet acteur-là.

Il sait très bien vous dessiner au sens propre comme au sens figuré, il vous éclaire très bien et je sais qu'il me regarde comme une femme, comme un objet de désir – il ne l'avouera jamais, bien sûr, c'est vrai ! C'est le troisième film qu'on fait ensemble, on s'est beaucoup vus entre-temps, on est amis, mais on a toujours besoin de se draguer. Mon interrogation pour ce film, c'était de me demander si j'allais lui plaire aussi dans le registre de l'émotion. Moi, je sais, pour l'avoir fait chez Nicole Garcia, chez Bertrand Blier, comment y aller. Lui, il ne me connaissait pas là-dedans. Il m'a toujours vu le poitrail en avant, faire un Sean Connery à deux balles… En même temps, comme il me connaît bien dans la vie, il sait forcément comment m'y entraîner. Il vous met avec une grande élégance et sans aucune perversité sur le chemin de ces émotions plus noires, plus douloureuses, et il vous laisse aller les chercher vous-même sans pour autant hésiter à vous en demander beaucoup plus. » Leur collaboration est extraordinaire dans ce film. Elle les confirme dans l'idée qu'ils sont tout à fait complémentaires l'un de l'autre.

Il est un autre personnage avec lequel Jean Dujardin noue des liens étroits : Jack, le chien de George Valentin, un jack russell de son vrai nom Uggie. À l'origine, cet animal, remarquablement dressé, ne devait apparaître que dans trois scènes parfaitement réglées comme du papier à musique. Mais Uggie est un finaud, il réussit à s'imposer tout le long du film. Pour l'amadouer, Jean Dujardin prend l'habitude d'avoir constamment des morceaux de saucisse dans sa poche. Au point, dit-il, que, « certains jours, je finissais par avoir le sentiment de n'être moi-même qu'une grosse saucisse ».

Le 10 novembre 2010, à Big Sky Ranch, dans la Simi Valley, où fut jadis tourné le feuilleton culte *La petite maison dans la prairie*, Michel Hazanavicius donne le dernier coup de manivelle. George Valentin est au volant d'un coupé Bugatti lancé à toute allure, avec à ses côtés sa femme, jouée par Missi Pyle, et Uggie. Il roule vers le succès. Une scène prémonitoire.

9

# *Frenchie goes to Hollywood*, saison 2

Le tournage de *The Artist* s'est achevé en novembre 2010 et la sortie du film dans les salles est prévue pour octobre 2011, un an plus tard. Très vite cependant, une rumeur court des deux côtés de l'Atlantique. Le nouveau long-métrage de Michel Hazanavicius serait un véritable chef-d'œuvre, d'une qualité telle qu'il convient de bousculer les habitudes établies et de lui permettre d'être présent à Cannes alors que la sélection française a été officiellement annoncée. Trois films sont d'ores et déjà en lice, Thomas Langmann fait pression pour qu'on y ajoute *The Artist*, à titre exceptionnel. Il bombarde littéralement de sms Thierry Frémaux, le délégué général du Festival. Il ne le lâche pas d'une semelle, multipliant les faux « derniers » messages. Ainsi, le 15 avril 2011, un mois avant le début des festivités sur la Croisette, il pianote sur son téléphone portable à l'intention de Frémaux : « Thierry, je te promets que c'est le dernier message. J'ai un peu honte de t'envahir, mais j'ai l'impression profonde qu'il peut se passer quelque chose au palmarès avec *The Artist*, notamment Jean Dujardin [1]. »

Cette campagne s'avère payante. Quelques jours avant l'ouverture du Festival, *The Artist* est ajouté *in extremis* à la liste de la sélection française et sa projection fixée au 15 mai. L'équipe du film descend sur la Côte et multiplie les rencontres avec la presse. Les interviews se succèdent à un rythme infernal. Jean Dujardin, Bérénice Béjo et Michel Hazanavicius courent d'un plateau de télévision et d'un studio de radio improvisé à un autre. Ce n'est pas la première fois que Jean Dujardin se rend à Cannes. Il y avait fait une apparition en 2005 lors de la sortie de *Brice de Nice*. À l'époque, il n'était qu'un simple second rôle du cinéma français, un saltimbanque ayant son public, sans plus. Cette fois, il joue dans la cour des très grands et son nom est fréquemment mentionné pour le prix d'interprétation

1. Cf. Fabrice Pliskink « Salut, *The Artist* », *Le Nouvel Observateur*, 27 février 2012.

masculine. Les autres prétendants à cette distinction ne sont pas n'importe qui. Il y a Michel Piccoli, Brad Pitt et Ryan Gosling.

L'accueil des professionnels et du public est plus qu'enthousiaste. À la fin des projections, le film est salué par d'interminables applaudissements. Tous en sont conscients : le cinéma français, si souvent vilipendé, a accouché d'un chef-d'œuvre. La critique salue déjà la performance de Jean Dujardin, minimisant fort injustement celle de Bérénice Béjo. Lors de la soirée finale, le suspense est à son comble quand le président du jury, Robert De Niro, doit annoncer le nom du lauréat du prix d'interprétation masculine auquel son trophée sera remis par Catherine Deneuve, l'icône du septième art. Dès qu'il entend son nom, Jean Dujardin, après avoir embrassé Alexandra Lamy, Michel Hazanavicius, Thomas Langmann et Bérénice Béjo, monte sur scène, dans son smoking impeccable. Il est comme tétanisé, muet de joie. Il le dit d'ailleurs joliment : « Je crois que je vais rester silencieux, ça m'a assez réussi ! »

Cannes anticipe très largement le succès que va rencontrer auprès du public français *The Artist* dès sa sortie en salle le 11 octobre 2011. Pour une fois, la critique est quasi unanime. Les journalistes sont à court de superlatifs pour saluer le travail de Michel

Hazanavicius, Jean Dujardin et Bérénice Béjo. Seuls quelques irréductibles demeurent obstinément hostiles. Dans *Charlie Hebdo*, Jean-Baptiste Thoret constate que « la surface de *The Artist* est brillante, pétillante, souvent subtile, mais (que) le fond, lui, est inexistant ». C'est nettement plus aimable que le jugement sans appel de Gérard Lefort dans *Libération* : « Il faut... être de très bonne humeur pour s'intéresser au mélo à deux balles et à trois kleenex qui croise le cœur de George à celui de Peppy... Le problème de *The Artist* n'est pas celui du faux-semblant mais du faux air. » Le public se presse dans les salles. Le film fait 75 521 entrées le premier jour et 443 269 durant la première semaine d'exploitation, totalisant ensuite plus de 2 millions d'entrées jusqu'à sa reprise, à la faveur de sa sélection pour les césars et les oscars, franchissant la barre des 3 millions ou presque en mars 2012. C'est à la fois beaucoup et peu. Beaucoup parce que c'est un film muet et en noir et blanc, genre pratiquement inconnu. Peu car cela ne dépasse que très légèrement le score obtenu par Jean Dujardin pour d'autres films, notamment les *OSS 117* ou *Mariages !*

Ce n'est point tant le succès en France de *The Artist* qui constitue une surprise que sa carrière à l'international, notamment aux

États-Unis, une carrière derrière laquelle se dissimile une sorte de magicien du septième art, Harvey Weinstein, considéré comme étant le « roi du marketing » à Hollywood. C'est une personnalité complexe, qui suscite admiration et rejet. Né en 1952 à Flushing, dans l'état de New York, il a commencé par travailler comme agent électoral du Parti démocrate dont il est aujourd'hui l'un des grands donateurs. Une expérience très profitable puisqu'elle lui a appris les rouages de la communication : « J'ai rencontré Frank Sedita, le maire de Buffalo, qui me racontait qu'à l'époque, sans télé, le meilleur moyen d'attirer les foules, c'était de poser une petite bombe au milieu de la rue et d'attendre que les gens sortent pour voir ce qui se passe. La métaphore, c'est que vous pouvez faire un peu de bruit si c'est pour pousser les gens vers des films différents et intelligents [1]. »

Avec son frère, Bob, Harvey Weinstein fonde en 1979 Miramax, une société de distribution de films indépendants. Ils travaillent notamment avec Steven Soderbergh et Quentin Tarantino, deux étoiles montantes du cinéma américain. Ils ont du flair. En 1989, Steven

1. Cf. « *The Artist* aux oscars : Harvey Weinstein, l'homme derrière la campagne du film français », *Le Huffington Post*, 27 février 2012.

Soderbergh est récompensé par la Palme d'or à Cannes pour *Sexe, mensonges et vidéo*, leur premier succès commercial. En 1993, deux autres films produits par Miramax, *Adieu ma concubine* et *La Leçon de piano* obtiennent, *ex æquo*, la même distinction. Un an plus tard, c'est au tour de leur poulain, Quentin Tarantino, d'être couronné pour *Pulp Fiction*. En 1996, les Weinstein reçoivent indirectement leur premier oscar avec *Le Patient anglais* pour lequel Juliette Binoche décroche la statuette tant convoitée. Entre-temps, leur société a été rachetée par Disney qui les maintient aux manettes de Miramax jusqu'en 2005, date à laquelle ils créent The Weinstein Company. L'échec de *Nine*, une comédie musicale avec Marion Cotillard, autre actrice française oscarisée, ne les décourage pas. Ils rebondissent avec le prodigieux succès de *Inglorious Basterds*, de Quentin Tarantino, et la belle aventure du *Discours d'un roi* qui rafle de nombreux oscars en 2011 [1].

En deux décennies, les frères Weinstein se sont imposés comme les intermédiaires obligés pour qui veut percer sur le marché américain et, éventuellement, obtenir un oscar. Ancien agent

---

1. Cf. Alain Grasset, « Le dernier nabab », *Aujourd'hui*, 4 mars 2012, p. 33.

électoral, Harvey Weinstein n'a pas son pareil pour mener une campagne en faveur de ses produits. Son carnet d'adresses est impressionnant et il ne ménage pas sa peine pour parvenir à ses fins, n'hésitant pas à téléphoner en pleine nuit à des membres de la célèbre Académie américaine pour s'assurer qu'ils voteront « bien ». Fin connaisseur de la société américaine, il sait d'emblée ce qui peut plaire et déplaire. Il pratique parfois des coupes dans les films, des coupes qui lui valent le surnom de « Harvey aux doigts d'argent », et quelques disputes avec des réalisateurs mécontents de ses interventions.

Ce n'est pas un tendre. Pour « dézinguer » ses concurrents, il a recours à des procédés peu catholiques. Ainsi, en 1999, Steven Spielberg lui attribue la paternité de la campagne menée contre les multiples erreurs historiques que contiendrait son film, *Il faut sauver le soldat Ryan*, alors en compétition avec *Shakespeare in Love* produit par Miramax. Dix ans plus tard, les producteurs de *Slumdog Millionaire* l'accuseront d'être à l'origine de la parution dans la presse d'articles virulents dénonçant les cachets misérables qu'ils auraient versés aux enfants indiens vedettes de ce film. Bien entendu, l'intéressé nie : « Quand vous êtes Billy the Kid et que les gens meurent autour de vous de cause naturelle, tout le monde pense que c'est vous qui les avez tués[1]. »

Harvey Weinstein connaît bien la France. C'est un habitué du festival de Cannes où il tient table ouverte. Il a de nombreux amis dans l'hexagone, notamment la dernière épouse d'Eddie Barclay, Caroline, dont le fils est son filleul. Épicurien, il adore la bonne cuisine et les vins français, du moins quand il n'est pas astreint à un régime sévère. C'est un expert du cinéma français qu'il a découvert à l'adolescence en regardant *Les quatre cents coups* de François Truffaud. Un film culte même s'il concède qu'à l'origine, il croyait, du fait de son titre, qu'il s'agissait d'un porno…

Rien de ce qui se produit dans le monde du septième art ne lui est étranger. L'arrivée à Los Angeles de l'équipe de *The Artist* ne lui a pas échappé. Il a entendu les techniciens américains vanter les qualités de Michel Hazanavicius, de Jean Dujardin et de Bérénice Béjo. C'est assez pour le décider à se rendre en avril 2011 à Paris où il descend habituellement au Ritz. À son programme, organisée par Thomas Langmann, une projection privée de *The Artist*, au Royal Monceau. Sa réaction est

1. *The Huffington Post*, *loc. cit.*

immédiate : « J'adore vraiment cet ovni cinématographique. Il faut qu'il aille à Cannes. »

Thomas Langmann s'est bien gardé de le dire aux journalistes : l'intervention de Harvey Weinstein auprès de Thierry Frémaux a sans doute été plus décisive que ses interminables sms. Le délégué général du Festival l'admet volontiers en parlant de Harvey Weinstein : « Il a un style insistant, bien à lui. Le genre : si tu ne mets pas mon film dans la sélection officielle, je te jure que la prochaine fois que j'ai un bon film, je l'envoie au festival de Berlin ! [1] » C'est dit élégamment, cela donne une idée des pressions que peut exercer Harvey Weinstein pour obtenir satisfaction.

S'agissant de *The Artist*, son intervention est désintéressée ou presque. Lorsqu'il la fait, il n'a pas encore acheté les droits du film. Il est en pleine négociation avec Thomas Langmann et Michel Hazanavicius. Ceux-ci veulent avoir la garantie qu'il ne coupera pas dans leur travail plus que de raison. Les enjeux financiers sont aussi considérables et Weinstein n'est pas du genre à signer sans avoir ergoté sur chaque article du contrat. Celui-ci sera conclu à Cannes, le 14 mai, la veille de la projection du film.

---

1. *Ibid.*

La conclusion de cet accord oblige Thomas Langmann à déployer des efforts de dernière minute pour que le nom de la Weinstein Company figure au générique. Il l'a raconté à Fabrice Pliskin : « La nuit, il y a des répétitions techniques pour les projections du lendemain. Vers 4 heures du matin, juste après la signature, nous avons couru soudoyer le projectionniste pour qu'il accepte de mettre le logo de la Weinstein Company sur le film. Cette intervention ne plaisait guère à Warner, le distributeur de *The Artist* en France. Weinstein, Warner, Wild Bunch, ça faisait beaucoup de W et de logos. Comme tout est sur ordinateur, on avait peur que le fait de changer la programmation pète le disque du film. On a pris les risques. On a joué le film en entier de 4 heures à 6 heures. À 8 heures du matin, c'était la première projection pour la presse[1]. »

Ce n'est pas la seule modification exigée par Harvey Weinstein. Celui-ci a demandé et obtenu de Thomas Langmann et de Michel Hazanavicius que le film ne sorte pas sur les écrans avant le 30 septembre 2011. Pour une simple raison. La Commission de sélection française du film pouvant porter les couleurs

1. Cf. Fabrice Pliskin, *loc. cit.*

tricolores pour les oscars ne peut retenir que les films sortis en salle avant cette date. Pour Harvey Weinstein, il est capital que *The Artist* n'apparaisse pas comme un film français. La francophobie aux États-Unis est, on l'a dit, assez répandue et mieux vaut donc insister sur le fait que ce film est un film américano-français dont le casting, hormis Jean Dujardin et Bérénice Béjo, est américain tout comme l'équipe technique. Il ne souhaite pas que le film soit enfermé dans la catégorie réductrice du « meilleur film de langue étrangère », ce qui serait paradoxal pour un film muet, où les simples mots prononcés par Jean Dujardin, *with pleasure*, le sont d'ailleurs en anglais, et ce qui réduirait ses chances d'accéder aux autres catégories d'oscars. Thomas Langmann, qui avait tout fait pour figurer dans la sélection française à Cannes, change radicalement d'attitude. Il ne veut surtout pas être inclus dans la sélection française pour les oscars, ce qui avantage *La guerre est déclarée* de Valérie Donzelli désigné par la Commission.

Jean Dujardin est resté à l'écart de toutes ces discussions même si sa société de production, JD Production, ne peut que se féliciter de l'accord conclu avec Harvey Weinstein. Cette absence est toute relative. Il sait que c'est sur lui que va reposer la promotion du film, en France mais surtout aux États-Unis. « The Boss », ainsi que lui et ses amis surnomment déjà le P.d.g. de la Weinstein Company, les a prévenus. Ils doivent annuler tous leurs engagements et se consacrer désormais à plein temps à *The Artist*, sept jours sur sept, vingt-quatre heures sur vingt-quatre.

C'est en fait une véritable campagne électorale que Jean Dujardin et les autres vont mener à partir du mois de septembre 2011, avec pour objectif de décrocher des nominations aux oscars. Une campagne électorale qui se double d'une vaste entreprise de promotion du film lors de sa sortie simultanée le 25 novembre 2011 aux USA et au Canada. Les moyens dégagés sont considérables. Le budget communication dégagé par Harvey Weinstein est équivalent à celui du film lui-même. Des dizaines et des dizaines d'attachés de presse sont recrutés. Jean Dujardin se voit flanqué d'une traductrice officielle, Tanya Blumstein, qui le suit partout comme son ombre et ne manque pas de lui faire réviser son anglais. S'il veut séduire le public américain, il doit participer à des émissions de télévision, ces célèbres *talk-show* qui font et défont les réputations. Il ne peut se contenter de quelques pitreries et mimiques même s'il s'y livre à plusieurs reprises. Les Américains doivent comprendre que ce « *french lover* » est prêt à tout pour obtenir leurs suffrages et qu'il a fait l'effort d'apprendre leur langue.

Durant cinq mois, Jean Dujardin va multiplier les allers-retours entre la France et les États-Unis, jonglant avec le décalage horaire et dissimulant avec soin sa fatigue. C'est un rythme éprouvant. Ainsi, venu à Paris au début de l'année 2012 pour assurer l'avant-promotion d'*Infidèles*, il a à peine le temps de passer 24 heures dans la capitale que Harvey Weinstein le rappelle d'urgence à Los Angeles pour lui demander de participer à un gala de bienfaisance auquel sont présents de nombreux jurés des oscars. Son absence aurait pu lui faire perdre quelques voix. Il s'exécute, reprenant l'avion illico…

Ce n'est là qu'une des multiples manifestations auxquelles il a assisté depuis le 2 septembre 2011, date d'ouverture du festival de Telluride au Colorado où *The Artist* a décroché une sélection surprise. Lors de la soirée organisée par la Weinstein Company, l'orchestre joue en boucle la musique du générique de fin du film. Après sa projection, les premières critiques élogieuses paraissent dans les journaux spécialisés. Une semaine plus tard, le 9 septembre, Jean Dujardin est l'invité d'honneur du festival de Toronto. Sur la scène, il exécute quelques mouvements de claquettes pour la plus grande joie du public qui lui réserve une *standing ovation*. Quand il reçoit, un peu plus tard, le correspondant de Canal +, Didier Allouch, il fait preuve d'une étonnante franchise. Il a en tête d'obtenir un oscar et il est prêt à tout pour y parvenir : « Je ne vais pas me cacher. Ce serait débile. Ce n'est pas une question de prendre ou de louper le train, c'est juste que l'aventure est magnifique et qu'il faut aller jusqu'au bout de cette histoire[1]. »

Les oscars ne sont pas la seule cible visée par Harvey Weinstein. Il songe aussi aux Golden Globes décernés en janvier par la Hollywood Foreign Press Association, des distinctions prestigieuses attribuées par un jury qu'on dit volontiers imprévisible. Une projection est organisée le 30 septembre à Beverly Hills. L'accueil est enthousiaste. Aux États-Unis, Jean Dujardin se partage entre la côte est et la côte ouest. Ainsi, le 14 octobre, il retrouve Michel Hazanavicius et Bérénice Béjo pour l'avant-première de *The Artist* au festival de New York. Il se montre sous son meilleur jour et n'hésite plus à s'exprimer en anglais : *« I am very excited to be here. For Bérénice, for Michel, for the dog. »*

Car même Uggie a été mobilisé pour ce marathon relationnel. Les Américains adorent les animaux et le jack russel est un argument de

1. Cf. Jean-Paul Chaillet, « Sur la route de l'oscar », *Le Figaro Magazine*, 17 février 2012, p. 44.

poids pour la promotion du film. Harvey Weinstein fait circuler différentes anecdotes à son sujet et annonce que Uggie prendra prochainement sa retraite. Une manière de suggérer qu'il serait bon de rendre hommage, à lui et à son maître supposé. De fait, Uggie est nominé pour les Colliers d'or. C'est à ce point exagéré que Martin Scorsese prend la mouche et, dans une lettre ouverte au *Los Angeles Times*, s'insurge contre l'absence, parmi les nominés, de Blackie, le doberman de *Hugo Cabret*, le film qu'il a consacré à Georges Méliès.

Harvey Weinstein frappe encore plus fort en conviant deux des petites filles de Charlie Chaplin, Dolores et Carmen, à assister à la projection de *The Artist* aux membres de l'Académie des oscars le 20 novembre 2011. Elles ne tiennent aucun rôle dans le film et n'ont pas été associées à son tournage de quelque manière que ce soit. De surcroît, Michel Hazanavicius et Jean Dujardin se sont bien gardés de faire trop référence à leur illustre grand-père. Le chouchou de Chouchou, on le sait, c'est Douglas Fairbanks [1]. Il n'empêche. Ce qu'on leur demande, et elles le font bien volontiers, c'est de déclarer à l'issue de la

1. En février 2012, la petite fille de Douglas Fairbanks fera savoir qu'elle avait adoré *The Artist.*

projection : « Notre grand-père aurait adoré ce film. » Harvey Weinstein a certes été jadis agent électoral mais pas en Corse ! Pourtant, il n'a pas son pareil pour faire voter les morts.

En fait, dans cette course aux trophées, tout est bon à prendre. Jean Dujardin et Bérénice Béjo écument les plateaux de télévision. Le premier obtient un beau succès en imitant Robert De Niro, en faisant le chameau ou en jouant dans des parodies de grands films. La compagne de Michel Hazanavicius met les rieurs de son côté en rétorquant à Jay Leno, une star du petit écran, qui lui demande : « Comment avez-vous obtenu le rôle ? » « En couchant avec le metteur en scène. » Une photo montrant Jean Dujardin, la tête distraitement posée sur l'épaule de George Clooney, l'un de ses grands rivaux pour l'oscar du meilleur acteur masculin, fait le tour du globe. Il n'y a rien de spontané. Tout a été minutieusement préparé, minutieusement répété, sous la surveillance vigilante d'Harvey Weinstein et Tanya Blumstein.

Rien n'est négligé. La moindre récompense décernée à l'un des membres de l'équipe, la moindre nomination dans un festival font l'objet de multiples communiqués. Le succès appelle le succès, c'est une recette bien connue et Harvey Weinstein, fin cuisinier, s'y entend à merveille pour faire monter la sauce. De fait, c'est une pluie de récompenses qui s'abat sur Jean Dujardin, meilleur espoir au Hollywood Film Festival, il est nommé pour le prix du meilleur acteur par le New York Film Critics Circle, désigné comme acteur européen de l'année par l'Académie européenne du cinéma, consacré meilleur acteur par la Las Vegas Film Critics Society, nominé par la Houston Film Critics Society, consacré par la Detroit Film Critics Society, couronné par la London Film Critics Circle et la Phoenix Films Critics Society. Cela peut paraître constituer une énumération à la Prévert. En fait, chacune de ces récompenses est prétexte à des apparitions en public et à des interviews. L'ensemble est un message clairement adressé aux jurés de l'AMPA, *The Artist* ne peut qu'être retenu dans leur sélection annoncée le 24 janvier 2012. De fait, le miracle se produit. Le film cumule un véritable record de nominations pour un film français, avec dix citations, et suit de peu *Hugo Cabret* de Martin Scorsese crédité de onze nominations.

Auparavant, Jean Dujardin a reçu le Golden Globe du meilleur acteur dans un film musical ou une comédie, devenant le second acteur français, après Gérard Depardieu pour *Green Card*, à obtenir ce trophée très apprécié. Fin janvier 2012, il est sacré meilleur acteur par le

Screen Actors Guild Award et par la British Film Academy, ce à quoi s'ajoutent des prix similaires décernés par différents jurés français et espagnols.

Cette pluie de lauriers lui vaut d'être invité à la populaire émission télévisée *Saturday Night Live* où il fait un véritable tabac en jouant dans un sketch de la série *Les Jeunes de Paris*, filmé à la manière de *The Artist*. La cause est désormais entendue ou presque : il est l'un des grands favoris de la prochaine cérémonie des oscars.

C'est alors que commencent à filtrer dans la presse quelques contre-feux allumés par les adversaires de Harvey Weinstein. On évoque les fameuses affiches trop licencieuses d'*Infidèles*, immédiatement retirées de la circulation. Harvey Weinstein n'hésite pas à retourner l'affaire à son profit en les félicitant publiquement du retrait desdites affiches : « C'est très bien parce qu'elles ne rendent pas justice à ce film qui, en fait, est très favorable aux femmes. » La déclaration n'a rien d'une justification *a posteriori*. Elle est faite peu de temps avant les délibérations de l'Alliance of Women Film Journalists. En vain. Ces dames boudent le « *french lover* ».

Ce n'est pas le cas du festival de Santa Barbara en Californie qui décerne, le 4 février 2012, à Bérénice Béjo et Jean Dujardin, le Cinema Vanguard Award récompensant les acteurs ayant pris des risques artistiques. George Valentin et Peppy Miller ont fait le déplacement jusqu'en Californie. Deux jours plus tard, ils assistent au déjeuner traditionnel des nominés aux oscars, invités à poser tous ensemble pour la rituelle photographie. Jean Dujardin est radieux. Le voilà parmi les grands du cinéma, aux côtés de Brad Pitt et de George Clooney. Ses relations avec ce dernier sont en apparence excellentes. Les deux hommes échangent des compliments sucrés, font semblant d'être complices. En fait, ils se surveillent l'un l'autre. Lors d'une interview à RTL, Jean Dujardin ne peut s'empêcher une pique : « J'imagine que Clooney risque d'emporter la mise. Je vois comme il maîtrise la chose. C'est Reagan là-bas, c'est un président[1]. »

Harvey Weinstein est nettement plus optimiste. Alors que ses poulains sont dans l'entrée de la dernière ligne droite, il se veut optimiste et prodigue en promesses : « Je suis très fier de ce qu'ont accompli Michel, Jean et Bérénice qui ont montré une incroyable éthique de travail. J'ai été très exigeant avec eux. Ils ont fait tout ce que je demandais sans jamais se plaindre. Et si jamais le film gagne l'oscar, ce que j'espère, car ce sera un événement historique, j'organise une fête de

1. Cité par Fabrice Pliskin, *loc. cit.*

deux jours à laquelle tout le monde sera invité[1]. »

Jean Dujardin repart pour la France. Il retrouve Alexandra Lamy, son plus ardent soutien. Il se souvient qu'elle a été la première à l'encourager à accepter le rôle que lui proposait Michel Hazanavicius en lui disant : « Vas-y chéri, prends ta place, profite. » À Frédérick Rapilly, elle confiera qu'elle, une vraie midinette, fan de George Clooney et de Brad Pitt, enrageait de constater qu'ils n'avaient pas leur équivalent en France. Elle en a fait des tonnes pour lui manifester son appui, n'hésitant pas à braver les bonnes manières pour attirer les objectifs des caméras. Le 15 janvier, à Los Angeles, lorsqu'il a reçu le Golden Globe du meilleur acteur, elle s'est précipitée sur lui et l'a embrassé à pleine bouche. Elle a pleuré comme une madeleine en entendant son Jean, le trophée à la main, rendre hommage à sa « belle et talentueuse femme ». Cemoment de complicité n'a pas peu contribué à un regain d'intérêt pour l'interprète de George Valentin. Journaliste à *Variety*, Elsa Keslassy le souligne : « Pour les Américains, le fait qu'il soit venu à Hollywood, accompagné de sa femme, a contribué à augmenter son capital de sympathie. Les gens se sont dit qu'il n'était pas là pour

1. Cf. Jean-Paul Chaillet, *loc. cit.*

draguer les petites starlettes. D'emblée, les Américains l'ont catalogué dans la catégorie des *good guys*, des mecs bien. »

Ils se préparent de concert à la soirée des césars et à celle des oscars. C'est un nouveau marathon. La nuit du samedi au dimanche sera très courte. Dès la fin des festivités françaises, ils devront courir à Roissy pour prendre l'avion et s'envoler pour Los Angeles où ils n'auront guère le temps de se remettre du décalage horaire. Le soir même, ils seront les invités d'un dîner donné en leur honneur par Harvey Weinstein et, le surlendemain, pénétreront, le cœur serré par l'émotion, dans la salle du Golden Theater, attendant avec impatience le verdict du jury. Il faut une sacrée force physique pour supporter tout cela. Or, dans les quelques jours qui précèdent les césars, Jean Dujardin est victime d'une mauvaise grippe et d'un accès de surmenage sur lequel son entourage reste volontairement très discret.

Une certaine presse à sensation s'en empare. *France Dimanche*, le 26 février 2012, publie une photo de l'artiste en Une, accompagnée de ce titre choc : « Drame en plein triomphe ». À l'intérieur, on apprend en deux lignes qu'il est « frappé de plein fouet par la maladie ». Un peu court, ce qui oblige l'auteur de l'article à broder sur les troubles neurologiques dont souffrirait

Uggie contraint à prendre une retraite anticipée. C'est comme si *France Dimanche* s'autoparodiait pour mieux rendre hommage à un as de la parodie et du détournement, un certain Jean Dujardin. La suite, on la connaît…

# Conclusion

## Le jour d'après

Tant que son père n'était pas sous les verrous, Brice de Nice aimait à organiser, le soir, dans son « modeste » F 30 de la Côte, de somptueuses fêtes célébrant sa personne. La fête, sous quelque forme qu'elle soit, collective ou intime, votive ou libertine, obligatoire ou improvisée, est un élément essentiel de notre société. C'est un rite venu du fond des temps auquel il convient de sacrifier, ne serait-ce que pour permettre à certaines gazettes spécialisées de publier des pages et des pages de photos montrant les vedettes du moment s'embrasser, se congratuler et porter des toasts à la déesse Fortune.

L'équipe de *The Artist* n'a pas échappé à la règle. Après la cérémonie des oscars, elle a fait la fête sous les flashs des paparazzis, autant pour exprimer sa joie que pour remplir son programme de communication. Avec des yeux de gamins lorgnant sur le bocal de confiture rangé sur le haut de l'armoire, Jean Dujardin, Michel Hazanavicius, Ludovic Bource, Thomas Langmann et Mark Bridges ont regardé un artisan en smoking – tenue plutôt inusitée chez cette catégorie socioprofessionnelle – graver leur nom sur le socle de la fameuse statuette. Puis ils ont fait le tour des différents événements mondains de la soirée à Los Angeles, croisant certains de leurs rivaux malheureux et tout le gotha du cinéma mondial.

Pour Jean Dujardin, c'est Noël en février. Il n'en revient pas de cette consécration à laquelle il n'aurait jamais pensé quelques mois auparavant. Qu'il semble loin le temps où il décrochait, à l'arraché, son premier spectacle dans un café de la rue de Charonne ! Vingt ans à peine lui ont suffi pour se hisser au niveau des plus grands et triompher dans La Mecque du septième art. À ce stade, on ne peut parler de simple joie. Durant cette nuit folle, il vit un rêve éveillé. Il lui suffit pourtant de regarder autour de lui pour constater que ce n'est pas un mirage. Oui, il a bien reçu l'oscar du meilleur acteur. Heureusement, d'autres que lui, dans son équipe, ont été honorés, ce qui évite rancœurs et envies. Son bonheur aurait toutefois été complet si Bérénice Bejo avait, elle aussi, décroché l'oscar du meilleur second rôle féminin. En fait, c'est une égalité quasi absolue entre eux. Il n'a pas eu le césar, elle n'a pas eu l'oscar…

Au petit matin, il ne restait plus aux lauréats, grisés par le champagne, qu'à honorer de leur présence certains shows télévisés ou à accorder interview sur interview pour dispenser la même rengaine : ils vivaient un véritable conte de fées, réalisaient à peine ce qui leur arrivait, étaient fous de joie, espéraient que la consécration de leurs pairs ne leur ferait pas tourner la tête mais les inciterait à se dépasser et à faire toujours mieux au service du septième art. Des propos aussi sincères que convenus. Ils ont dit ce que l'on attendait d'eux et n'ont pas boudé leur plaisir.

Puis ce fut le retour en France, un retour très médiatisé, avec une belle cohue lors des arrivées des lauréats, en vagues successives, à Roissy-Charles-de-Gaulle, CRS et agents de la police de l'air et des frontières jouant des coudes pour écarter les photographes et les cameramen tentant d'immortaliser l'événement. Après un ultime tour des plateaux de télévision et des studios de radio, la vie normale reprend son cours.

Ou presque. Car Jean Dujardin est toujours au cœur de l'actualité. Le mercredi suivant la cérémonie des oscars, sort en salle son nouveau film, *Infidèles*. Il n'en est pas simplement l'une des principales vedettes. Il cumule les casquettes : il est coscénariste, coréalisateur et coproducteur de ce film à sketchs, un genre très italien où s'illustra jadis avec *Les Nouveaux Monstres* Dino Risi. Il en a eu l'idée lorsqu'on lui a raconté l'histoire d'un mari infidèle qui, pour dissimuler ses accrocs au contrat de mariage, avait acheté un ticket de cinéma, coupé son portable pendant deux heures et exhibé à sa femme, soupçonneuse, le ticket, croyant de la sorte disposer de la preuve absolue de son innocence. Cela l'a fait réfléchir. Quelque temps plus tard, voulant regarder le DVD des *Infiltrés* de Martin Scorsese, il se trompe sur le titre. Il lit « Les Infidèles » au lieu des « Infiltrés ». Dès lors, il jette sur le papier les idées d'un scénario racontant les aventures de deux potes qui n'en finissent pas de tromper leurs épouses.

Dès le début, Jean Dujardin a choisi son partenaire. Ce ne peut être que Gilles Lellouche. Les deux hommes se sont rencontrés tardivement, en 2007, même s'ils appartiennent à la même génération d'acteurs. Ils ne se connaissaient pas mais leurs compagnes respectives, Alexandra Lamy et Mélanie Doutey, avec laquelle Dujardin avait joué dans *Il ne faut jurer de rien*, étaient bonnes copines. Alexandra

Lamy a eu l'idée de les inviter chez eux, à Anduze, pour les vacances. Aux dires de Gilles Lellouche, Jean Dujardin s'est montré au début très réservé, se contentant de jouer les hôtes bien élevés et de lui faire visiter la maison. La glace est vite rompue et une solide amitié naît entre les deux hommes, nourrie d'une même appétence pour la vie. Jean Dujardin le dit et le répète : Gilles Lellouche est son meilleur ami.

D'où l'idée de porter ensemble à l'écran le scénario imaginé par Jean Dujardin. L'idée aboutit en 2010, peu de temps avant qu'il ne s'envole pour la Californie afin d'y tourner *The Artist*. La décision finale est prise lors d'une rencontre, chez Lipp, avec Guillaume Lacroix, cofondateur avec Éric Hannezo de la société de production Black Dynamite. Jean Dujardin s'investit comme il ne l'a jamais fait pour un autre film. Il vient de monter, conseillé par son frère, Marc, une société de production, JD Production, qui a une participation dans la production de *The Artist*. Il découvre une nouvelle facette du septième art, moins riante, plus contraignante, où l'on ne se contente pas de parler mais où on aligne les chiffres. Il s'y fait, tant bien que mal, son frère aîné lui servant de mentor. C'est un nouveau pas dans sa carrière. Il est désormais son propre maître.

Les calendriers de Jean Dujardin et de Gilles Lellouche sont à ce point surchargés – c'est la rançon du succès – qu'ils conviennent rapidement de la nécessité de s'entourer de coscénaristes et de coréalisateurs choisis dans leur entourage proche pour mener à bien leur projet. S'agissant des scénarios, ils font appel à Nicolas Bedos, Philippe Caverivière et Stéphane Joly. Pour les réalisateurs, on retrouve bien entendu Michel Hazanavicius, à la présence duquel Jean Dujardin tient beaucoup, mais aussi Emmanuelle Bercot, Éric Lartigau, Fred Cavayé et Alexandre Courtès[1]. Un grand hôtel parisien sert de bureau aux scénaristes et les séances de brainstorming virent parfois à la franche déconnade.

Tourné en France et aux États-Unis, *Infidèles* propose, à travers sept sketchs, une vision en apparence caustique mais, au fond, plutôt très morale de l'infidélité masculine, toujours sanctionnée par le ridicule, le malheur et la tragédie. Certains d'entre eux sont de petits morceaux d'anthologie comme « Séminaire », où Jean Dujardin joue le rôle d'un pathétique commercial, Laurent, médiocre coq d'entreprise, qui se prend un « râteau » en courtisant, faute de

1. Jan Kounen est également choisi mais son sketch, trop onirique, est retiré au montage.

mieux, la plus moche de ses collègues à 2 heures du matin. Ou bien « Les Infidèles anonymes » dans lequel Sandrine Kiberlain anime une réunion, sur le modèle des réunions des Alcooliques anonymes, où les maris volages tentent de lutter contre leur fatale addiction. Guillaume Canet y tient le rôle d'un bourgeois coureur toujours prêt à retomber dans la fange de ses erreurs.

Un autre moment fort du film est « La Question ». Un couple se livre au jeu de la vérité en se disant tout sur ses accrocs au contrat de mariage après un repas chez des amis. Seul l'homme, incarné par Jean Dujardin, est suspecté au début. Pressé par sa compagne, il finit par avouer une faute ancienne, croyant que cela lui vaudra absolution pleine et entière. Sa femme, jouée par Alexandra Lamy, lui confesse alors qu'elle-même n'est pas aussi irréprochable qu'il le pense... Hélas, en matière d'infidélité, l'homme et la femme ne sont malheureusement pas égaux. Ce qui est pardonné à l'un, considéré comme une sorte de péché mignon, ne l'est pas dès que le coupable porte la jupe ou la robe. Si les hommes peuvent tromper leurs femmes, celles-ci sont vouées à la sagesse. Ce sont d'éternelles Pénélope qui attendent le retour d'Ulysse. La révolution des mœurs et la libération de la femme dans la seconde moitié du XXe siècle n'ont rien changé dans ce domaine, la réalisatrice du sketch, Emmanuelle Bercot, le montre bien.

Jean Dujardin en convient volontiers : « Pour moi, ce sketch était le plus difficile à mettre en scène. Un lieu unique, beaucoup de dialogues, la nuit, deux personnages, cinq jours de tournage... On a vraiment transpiré pour trouver le ton juste, la bonne chorégraphie [1]. » Il n'ignore pas que jouer cette scène, où il est question de tromperie, avec sa propre compagne dans la vie, peut faire jaser. Il assume, sans crainte : « Je trouve que le jeu d'Alexandra frise parfois celui de Gena Rowlands [2]. Elle est formidable dans le film, ça devait être elle, point. C'est une charge émotionnelle très forte de jouer avec elle, mais c'est un exercice. Il n'y a pas notre couple dans ce film, il n'y a rien de nous, pas d'écho. Même si nos potes nous disent parfois qu'ils ont l'impression d'être dans notre chambre, ce n'est pas le cas du tout et c'est ce qui est intéressant [3]. »

À ceci près que c'est bien l'infidélité qui est à la base de leur rencontre. L'un et l'autre étaient en couple lorsque leur partenariat sur

1. Cf. *Première*, février 2012, p. 53.
2. Il la compare également assez souvent à Annie Girardot.
3. *Femina*, 26 février 2012, p. 20.

l'écran s'est prolongé à la ville. Dans *Première* (février 2012, p. 53), Jean Dujardin a l'élégance de le reconnaître, à sa manière, très brièvement : « Pour moi, tout le monde le sait. C'est comme ça que ma relation avec Alex a commencé. » Il n'en dit pas plus, « tout le monde sait... », comme s'il s'était jamais exprimé publiquement à ce sujet. C'est une manière comme une autre de préserver son image de gendre idéal et de mec sans reproche, son côté consensuel.

Boosté par l'oscar, *Infidèles* obtient un vif succès, plus d'1 600 000 entrées en moins d'un mois. La société JD Production n'a pas de soucis à se faire, le succès est au rendez-vous. La presse est élogieuse, à l'exception de *Libération*, *Les Inrockuptibles*, *Télé 7 jours*, *Télérama* et *Le Monde*. *The Artist* connaît, lui, un deuxième souffle. Certaines salles le reprogramment à la hâte et, le 14 mars, le film sort en DVD et se vend comme des petits pains.

Jean Dujardin est au pinacle de la gloire, au point de devenir, bien malgré lui, un enjeu de la campagne électorale en vue des élections présidentielles de mai 2012. Quelques jours avant la cérémonie à Los Angeles, le candidat socialiste François Hollande a proposé de taxer à 75 % les revenus mensuels supérieurs à 1 million d'euros. L'UMP crie au scandale, dénonce une sorte de hold-up commis par un bandit de grand chemin, un nouveau Cartouche, rompu à l'art de détrousser les honnêtes gens. Profitant de l'oscar, certains députés de la majorité de l'époque vont même jusqu'à crier à l'attentat contre la nouvelle gloire nationale. À les croire, une telle mesure pénaliserait en premier lieu Jean Dujardin et pourrait le contraindre à prendre ses distances avec la France. C'est solliciter la réalité. Même s'il gagne très bien sa vie, Loulou n'entre pas encore dans la catégorie visée par cette proposition.

Quoi qu'il en soit, la droite comme la gauche voudraient bien le voir les rejoindre. À l'Élysée, on laisse entendre que le président Nicolas Sarkozy a l'intention de recevoir l'acteur pour le féliciter. Une photo sur le perron n'est pas à négliger alors que les courbes des sondages, à ce moment-là, ne sont pas au beau fixe pour le chef d'État sortant. Elle peut être électoralement payante. Du côté de François Hollande, on aimerait bien récupérer Loulou en jouant sur les clichés. C'est un artiste, donc il ne peut qu'être de gauche, raisonnement qui souffre cependant de très notables exceptions. En tous les cas, les proches du candidat socialiste déploient de considérables efforts et font jouer leurs réseaux. Alexandra Lamy se trouve être la cousine de François Lamy, député-maire socialiste de Palaiseau. C'est l'une des pistes suivies.

L'une des productrices d'*Un gars, une fille* est Isabelle Camus, compagne à la ville de Yannick Noah qu'on sait très favorable à François Hollande. Elle est approchée et s'active. Sans grand succès. Dans *VSD*[1], l'un des amis de Jean Dujardin, qui semble jouer les petits télégraphistes, tempère la fièvre des socialistes : « Il [Jean Dujardin] comprend bien l'intérêt que représenterait pour François Hollande une telle rencontre. Mais lui, qu'a-t-il à y gagner ? Franchement, je ne suis pas certain que ses opinions politiques passionneront son public. Ce n'est pas ce qu'on lui demande. » La même semaine, dans *Le Nouvel Observateur*, Alexandra Lamy botte en touche : « Mon mari et moi, on est un peu paumés pour les élections, on ne sait pas quoi voter. Il va bien falloir qu'on se décide[2]. » Cela manque singulièrement d'enthousiasme. La politique est une réalité qui reste profondément étrangère au couple Dujardin-Lamy.

À vrai dire, Jean Dujardin est d'autant moins enclin à prendre position qu'il sera absent de France pendant la campagne, du moins pendant

1. Cf. Christophe Gautier, « Jean Dujardin dragué par le clan Hollande », *VSD*, n° 1802, pp. 19-21.

2. Cf. Sophie des Déserts et Marie Guichoux, « Le Chouchou de l'Artiste », *Le Nouvel Observateur*, 8 mars 2012, pp. 36-37.

une grande partie de celle-ci. Il doit incarner Moïse, un agent secret, dans le nouveau film d'Éric Rochant, *Mobius*, aux côtés de Cécile de France. Le tournage est prévu en avril 2012 à Paris, à Moscou et en Israël. Jean Dujardin s'y prépare déjà, physiquement et intellectuellement. Il ne suivra que de très loin, s'il le suit, le débat politique. Il se trouvera peut-être des journalistes pour faire le pied de grue, lors du premier et du second tour, devant la mairie d'Anduze pour savoir s'il vient ou non accomplir son devoir civique.

L'issue du duel Hollande/Sarkozy l'intéresse moins que son avenir après l'oscar. Il n'ignore pas que la gloire est un bien fragile et qu'on le guette désormais. La critique ne lui passait déjà pas grand-chose ; désormais elle ne lui passera plus rien. Il y aura toujours quelqu'un pour déplorer sentencieusement qu'il gâche stupidement son immense talent et qu'il récompense bien mal la générosité dont ont fait preuve à son égard les Américains. Il le sait, il y a un avant et un après l'oscar.

À peine couronné, il a tenté cependant d'écarter cette épée de Damoclès juchée désormais au-dessus de sa tête : « Ça veut juste dire que c'est plus de liberté. Je ne veux pas que ça change mon instinct, mes choix, mon envie. J'ai une belle vie, je ne veux pas que ça change. »

Hormis *Mobius*, pour lequel il a signé en 2011, il n'a pas d'engagement ferme. On peut penser qu'il rêve de tourner avec Michel Hazanavicius un nouvel épisode d'*OSS 117*, situé, cette fois-ci, en Afrique. Il l'a évoqué tant de fois que cela devrait se faire.

Restera-t-il en France ? Fera-t-il carrière aux États-Unis comme l'y invite Harvey Weinstein, persuadé que son poulain a toutes les chances de faire une brillante carrière à Hollywood ? P.d.g. d'Unifrance, l'organisme chargé de promouvoir le cinéma français à l'étranger, Antoine de Clermont-Tonnerre souligne qu'il ne peut pas ne pas se poser la question. Il reste néanmoins réservé tout comme l'historien du cinéma Jean-Michel Frodon interrogé par *Le Huffington Post* : « Son oscar va lui donner un accès plus facile au cinéma américain, mais il s'agit d'un effet immédiat et pas forcément durable. »

Les exemples d'artistes français, oscarisés – toutes des femmes jusqu'à Jean Dujardin – ou simplement nominés aux oscars, qui se sont brûlé les ailes à Hollywood devraient l'inciter à réfléchir. Certes, Marion Cotillard accumule depuis *La Môme* les succès et tourne avec les plus grands réalisateurs américains. Ce fut aussi le cas, en leur temps, d'Yves Montand et de Simone Signoret. Mais d'autres ont été moins chanceux : Isabelle Adjani, Juliette Binoche, Catherine Deneuve,

Audrey Tautou, Vincent Cassel, Jean Reno et, surtout, Gérard Depardieu auquel on prédisait une superbe carrière outre-Atlantique.

Au fond, Jean Dujardin se retrouve aujourd'hui face au dilemme qui était celui de son héros, George Valentin, à la fin des années 1920, lors de l'apparition du cinéma parlant, et c'est dans un livre consacré à cette époque – réédité symboliquement début 2012 – qu'il peut rechercher un début de réponse. Il s'agit des *Mémoires* [1] de Maurice Chevalier avec lequel il a plus d'un point en commun. Ils incarnent tous deux le « *charming Frenchie* » selon les canons américains, la belle gueule de titi parisien à l'aise sur les planches et devant les caméras.

Le créateur de Prosper s'était lui aussi interrogé sur la naissance du cinéma parlant et chantant, pressentant qu'il signait la mort du « caf'conc' » et des variétés classiques. La transformation de l'Olympia de l'époque en cinéma en 1929 avait été pour lui comme une sonnette d'alarme. Abandonnant son public français, il s'était précipité vers le Nouveau Monde sur les traces de Charles Boyer,

---

1. Cf. Maurice Chevalier, *Dans la vie faut pas s'en faire. Mémoires*, édition présentée par Jacques Pessis, Omnibus, 2012.

répondant à la sollicitation de la Paramount. Des années plus tard, il s'en souvenait : « Je ne pouvais tout de même pas refuser une chance pareille. Qu'est-ce qui peut m'arriver ? Que je me casse le nez ? Et puis ? Je reviens en France. Il n'y sortira pas un génie en trois mois, non ? Je retrouverai ma place, au bout du compte ! Même premier en France, même deuxième, même dixième, c'est toujours plus que je n'espérais lorsque mon idéal était simplement d'arriver à écosser mes dix francs par jour. J'ai tout à gagner, rien à perdre. Faut tâcher de faire front ! Ça ne guillotine pas, un cabot qui gadiche[1]. Ça se remballe et ça se renvoie au pays. Je ne serai pas le premier à se casser les pattes aux USA. Et celui-ci ? Et celle-ci ? Et ceux-là. Et un tas de noms me reviennent en mémoire. Ah ! Ça ne les a pas troublés, affolés, ceux-là. Tu parles ! Ils sont revenus en hurlant leur succès, leur triomphe éclatant en Amérique. Au bout de quelque temps, ils ont repris leur boulot en France et ni vu ni connu. Les initiés seuls savent que, s'ils ne sont pas retournés là-bas, c'est qu'on ne leur a pas proposé ; et si on ne leur a pas proposé, c'est que… C'est aussi simple que cela[2]. »

1. Qui renacle.
2. *Ibid*, p. 340.

Ce dilemme, Jean Dujardin se le pose sans doute. Il ne peut oublier le constat désabusé que Maurice Chevalier tirait de son expérience hollywoodienne, pourtant très positive, lorsqu'il y mit fin en 1935 : « Je n'ai jamais été à l'aise, en Amérique, que sur la scène ou devant la caméra. Dans la vie de toutes les heures et de tous les jours, j'étais à peu près comme une carpe dans un tonneau de bière [1]. » Est-il d'ailleurs sûr qu'il soit réellement attendu ? Les flonflons de la fête ne durent qu'un temps. Bible de l'industrie du spectacle, *The Hollywood Reporter*, qui fait et défait les réputations, ne s'est guère montré tendre envers lui. Todd McCarthy a dit tout haut ce que pensaient bon nombre de ses confrères en écrivant : « Le jury a pensé agir au mieux en honorant *The Artist.* Mais je ne doute pas que d'ici un an à peine, les gens y repenseront et se demanderont : pourquoi ? Un peu comme ils sont aujourd'hui perplexes face à la victoire de *Crash*, de *Miss Daisy et son chauffeur*, de *Rocky* ou d'*Oliver* ! Et je crains fort que certains d'entre nous ne mettent déjà l'oscar du meilleur acteur de Jean Dujardin dans le même sac que celui de Roberto Benigni dans *La vie est belle*. Autrement dit : comment diable une telle chose a-t-elle pu se produire ? »

---

1. *Ibid*, p. 393.

## *Le jour d'après*

Il n'est pas sûr que Jean Dujardin puisse faire une grande carrière internationale, en tous les cas loin de la France. Il est trop furieusement français pour cela, trop ancré dans la France de son temps qui constitue sa principale source d'inspiration et son ressort secret. Ce qui ne signifie nullement qu'il ne nous surprendra pas dans les prochaines années tout comme il le fit en passant des Nous Ç Nous à *The Artist*, de Brice de Nice à Marc Palestro. Il n'a pas encore donné la pleine mesure de son talent, devant ou derrière la caméra, ailleurs peut-être. Il est définitivement imprévisible.

Lors du tournage d'*Un balcon sur la mer*, il avait discuté avec la petite fille qui incarnait, dans les scènes en flash-back, son amour d'enfance, Cathy. Elle lui avait confié qu'elle adorait les matières scientifiques à l'école et qu'elle rêvait cependant d'être artiste, s'attirant de la part de son très grand aîné cette réponse insolite, souvenir des années où il oscillait entre les planches et la serrurerie : « Moi aussi, je voulais être comique en bâtiment. » Cette réponse en dit au fond long sur lui et sur les raisons de sa popularité et de son succès. Jean Dujardin, c'est l'histoire d'un gars normal, comme vous, comme moi, qui vous réconcilie avec l'idée qu'un jour, enfin…

# Table des matières

*Composition et mise en pages* : FACOMPO, LISIEUX

Achevé d'imprimer sur rotative
par l'Imprimerie Darantiere à Dijon-Quetigny
en avril 2012

Dépôt légal : avril 2012
N° d'impression : 12-0418
*Imprimé en France*